漢字のふく習 1 漢字の広場

新しく使う、五年の教科書でふく習する漢字です。

1 漢字の読みがなを書きましょう。 16点（一つ2）

① 話し合いの司会（　　）をする。

② 百科事典（　　）で調べる。

③ 伝記（　　）を読む。

④ 家具の配置（　　）を変える。

⑤ 戦争（　　）に反対する。

⑥ 順番（　　）を待つ。

⑦ 本を分類（　　）する。

⑧ 失敗（　　）をおそれない。

2 あてはまる漢字を書きましょう。 32点（一つ4）

① 実験が［せいこう］する。

② 強い［しんねん］を持つ。

③ ［がっき］の音を聞く。

④ 星を［かんさつ］する。

⑤ ［たね］をまく。

⑥ ［きせつ］が変わる。

⑦ ［ぐんま］県に住む。

⑧ 行動を［はんせい］する。

教科書 上 42・76・124ページ

うらのページに続くよ！

3 漢字の読みがなを書きましょう。 20点（一つ2）

① 仲間に 協力 する。（　　）
② 的 の中心をねらう。（　　）
③ 市役所で 働 く。（　　）
④ 良好 な関係を築（きず）く。（　　）
⑤ 家族で 祝福 する。（　　）
⑥ 長さの 単位 を書く。（　　）
⑦ 目標 を立てる。（　　）
⑧ 船で 漁 に出る。（　　）
⑨ 参加を 希望 する。（　　）
⑩ 約束 を守る。（　　）

4 あてはまる漢字を書きましょう。 32点（一つ4）

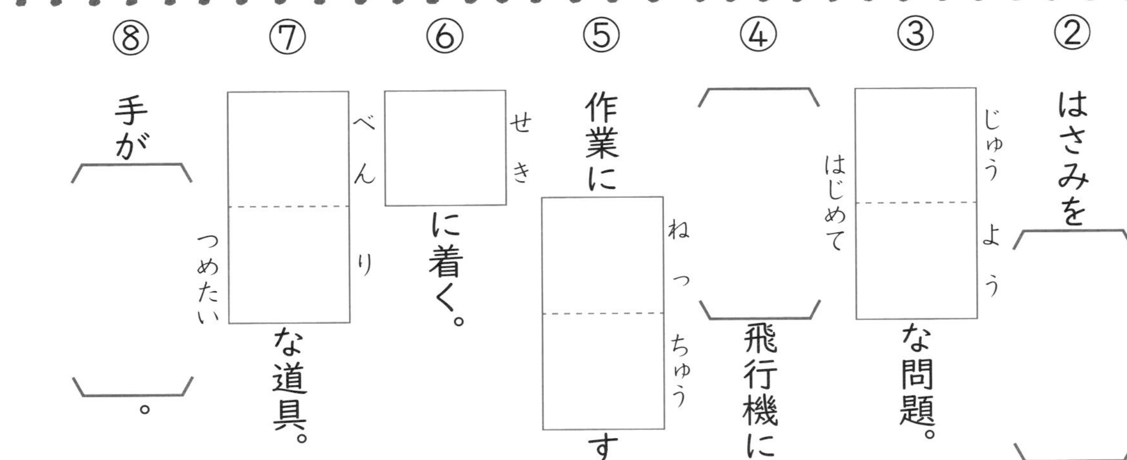

① [えいご] を習う。
② はさみを [かりる]。
③ [じゅうよう] な問題。
④ [はじめて] 飛行機に乗る。
⑤ 作業に [ねっちゅう] する。
⑥ [せき] に着く。
⑦ [べんり] な道具。
⑧ 手が [つめたい]。

いつか、大切なところ (1)

書いて覚えよう！

常（教15ページ） ジョウ／つね　11画　とめる
常夜灯（じょうやとう）　日常（にちじょう）　正常（せいじょう）　常に（つねに）
常（はば）

永（教16ページ） エイ／ながい　5画　はねる
永遠（えいえん）　永住（えいじゅう）　末永く（すえながく）付き合う（つきあう）
永（みず）

慣（教17ページ） カン／なれる・ならす　14画　「母」としない
習慣（しゅうかん）　慣れる（なれる）　水に慣らす（みずにならす）
慣（りっしんべん）

現（教20ページ） ゲン／あらわれる・あらわす　11画　上にはねる
出現（しゅつげん）　月が現れる（つきがあらわれる）　現す（あらわす）
現（おうへん・たまへん）

混（教22ページ） コン／まじる・まざる・まぜる・こむ　11画　上にはねる
混合（こんごう）　混む（こむ）　すと油が混ざる（あぶら・まざる）
混（さんずい）

1 読みがなを書きましょう。
28点（一つ4）

① 常夜灯（　　）がつく。
② 永遠（　　）に願い続ける。
③ 読書を習慣（　　）にする。
④ クラスに慣（　　）れる。
⑤ 黒い雲が出現（　　）する。
⑥ 男女混合（　　）のリレー。
⑦ バスの車内が混（　　）む。

← うらのページに続くよ！

2 あてはまる漢字を書きましょう。

72点（一つ9）

① 健康的な□□（にちじょう）生活を送るように心がける。

② 外では手帳を□（つね）に持ち歩くようにしている。

③ 仕事の都合で海外に□□（えいじゅう）する。

④ 相手の会社と□□（すえなが）く、取り引きを続ける。

⑤ スポーツの前に準備（じゅんび）運動をして、体が□（な）れてくる。

⑥ 草むらから犬が□（あらわ）れた。

⑦ いくつかの調味料が□（ま）ざった味だ。

⑧ 通学する時間は、電車が□（こ）む。

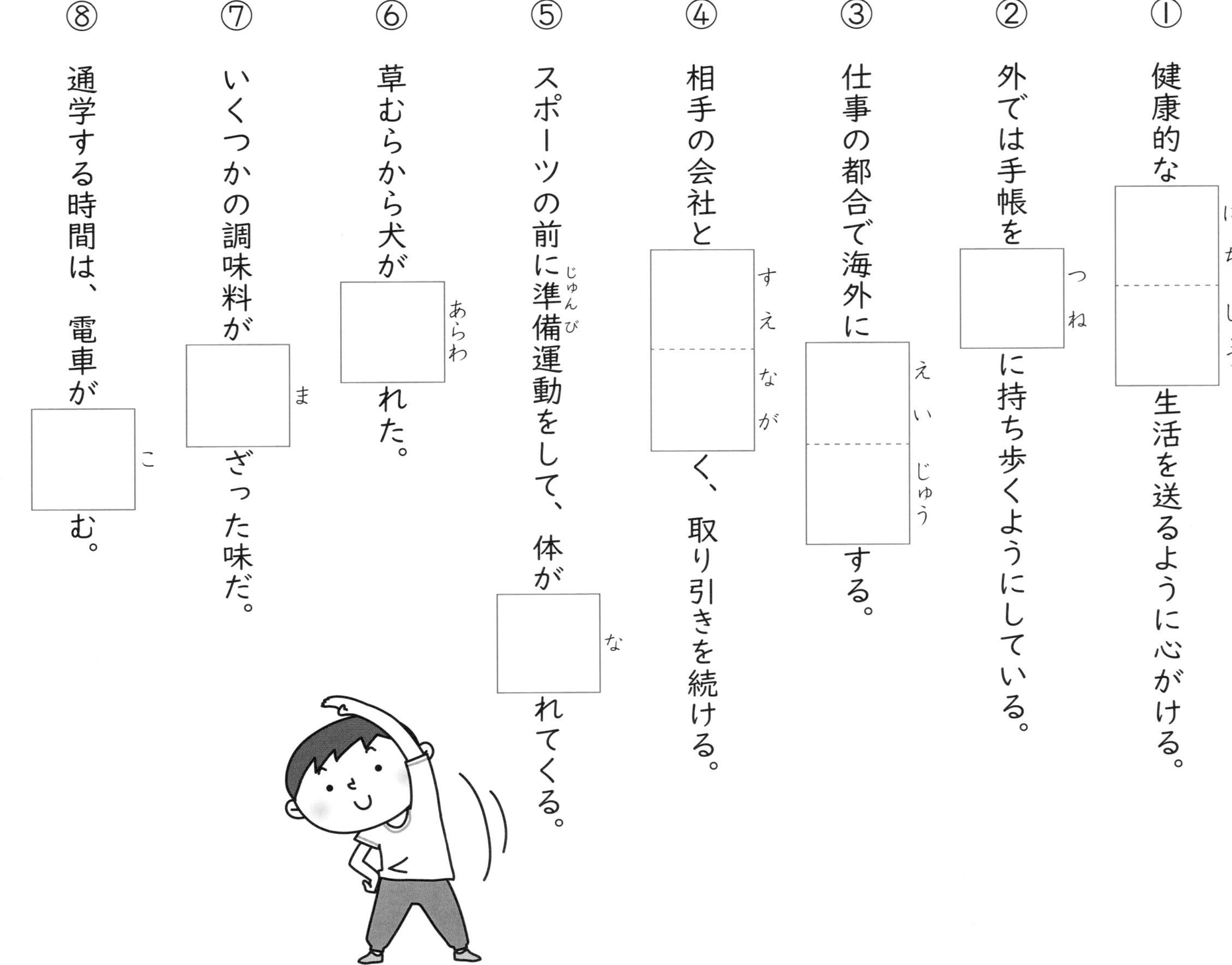

ヒント
2 ⑥「あらわれる」は、同じ読み方の漢字「表れる」との使い分けに注意しましょう。

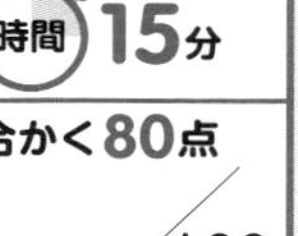

きほんのドリル 3。いつか、大切なところ（2）

時間15分　合かく80点　／100

答え 99ページ

月　日

書いて覚えよう！

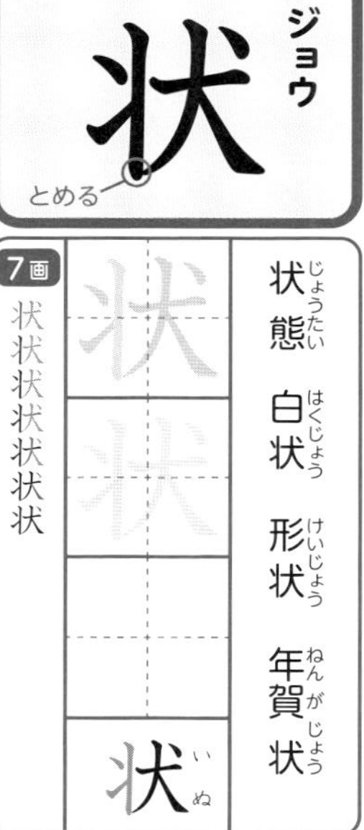

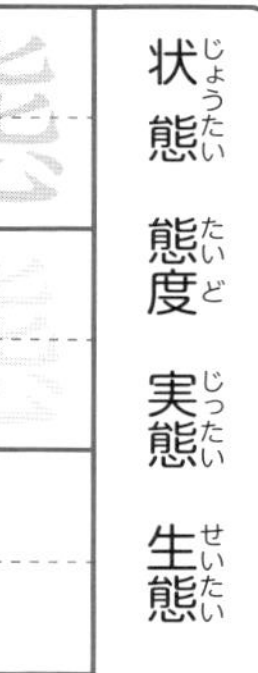
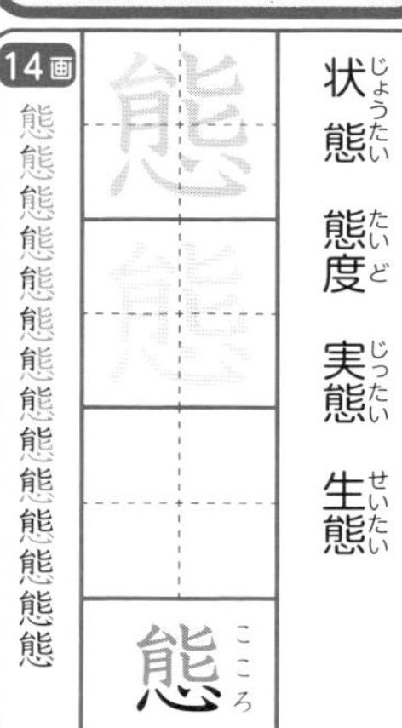
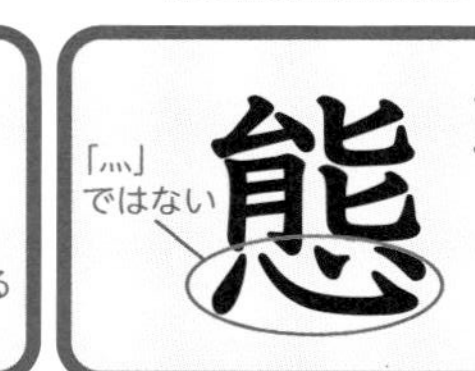
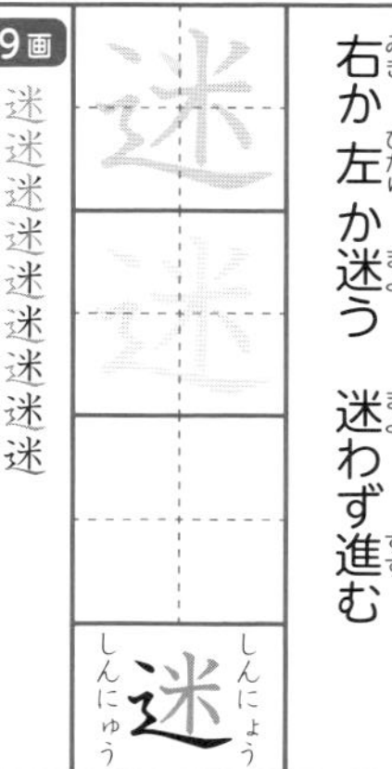

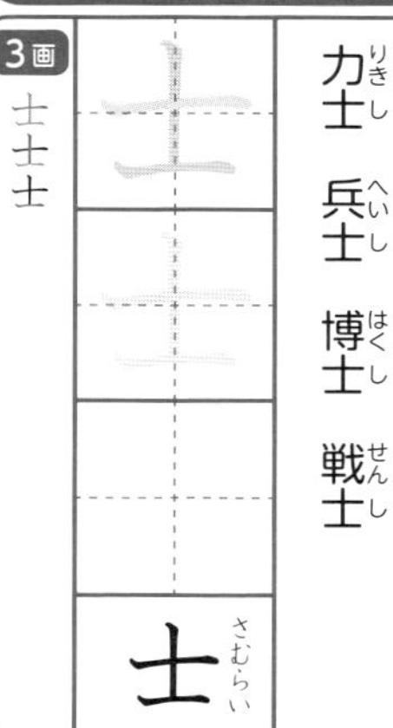

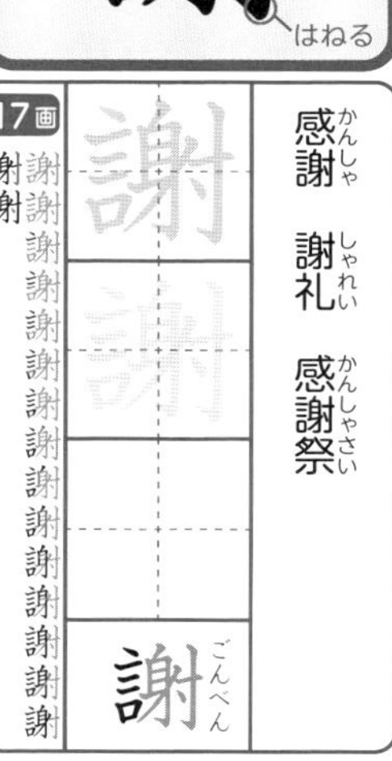

教22ページ　状（ジョウ）　とめる
7画　状状状状状状状
状態（じょうたい）　白状（はくじょう）　形状（けいじょう）　年賀状（ねんがじょう）
状（いぬ）

教22ページ　態（タイ）　「灬」ではない
14画　態態態態態態態態態態態態態態
状態（じょうたい）　態度（たいど）　実態（じったい）　生態（せいたい）
態（こころ）

教27ページ　迷（まよう）　とめる
9画　迷迷迷迷迷迷迷迷迷
右か左か迷う（みぎかひだりかまよう）　迷わず進む（まよわずすすむ）
迷（しんにょう・しんにゅう）

教30ページ　士（シ）　短く
3画　士士士
力士（りきし）　兵士（へいし）　博士（はくし）　戦士（せんし）
士（さむらい）

教30ページ　謝（シャ）　はねる
17画　謝謝謝謝謝謝謝謝謝謝謝謝謝謝謝謝謝
感謝（かんしゃ）　謝礼（しゃれい）　感謝祭（かんしゃさい）
謝（ごんべん）

1 読みがなを書きましょう。 28点（一つ4）

① 真実を 白状 する。（　　）

② 状態 が悪化する。（　　）

③ 虫の 生態。（　　）

④ どちらにするか 迷う。（　　）

⑤ 力士 が勝負をする。（　　）

⑥ 兵士 の行進。（　　）

⑦ 親切に 感謝 する。（　　）

「士」がつくと、「○○する人」という意味になりますよ。

← うらのページに続くよ！

2 あてはまる漢字を書きましょう。

72点（一つ9）

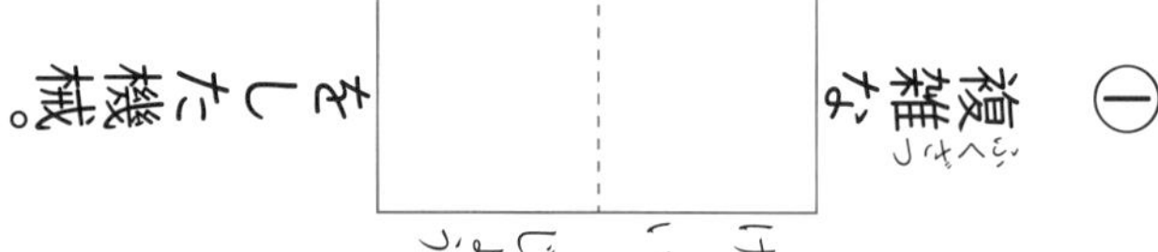

① 複雑（ふくざつ）な［けいじょう］をした機械。

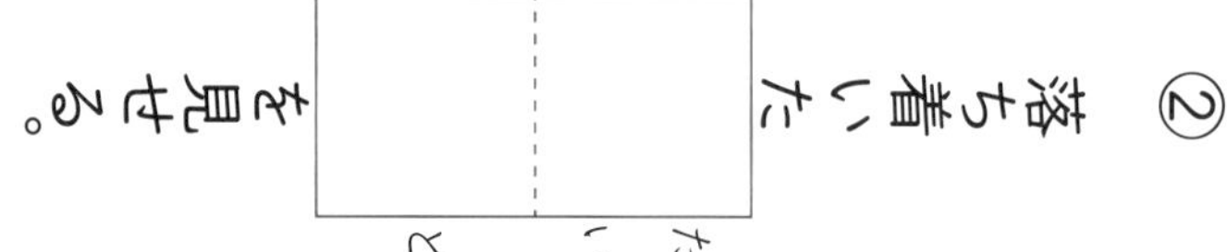

② 落ち着いた［たいど］を見せる。

③ 今後の進路に［まよ］って、親や先生に相談する。

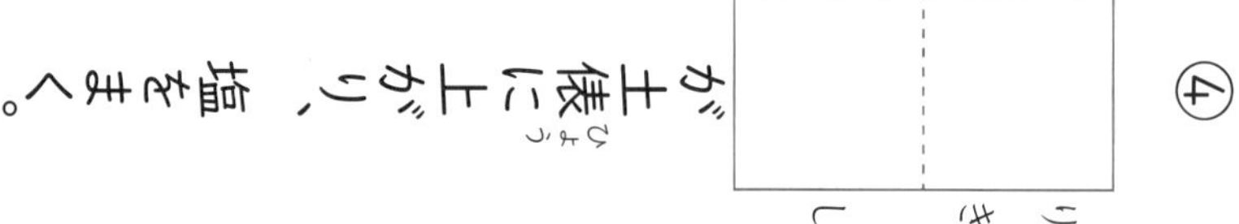

④ ［りきし］が土俵（ひょう）に上がり、塩をまく。

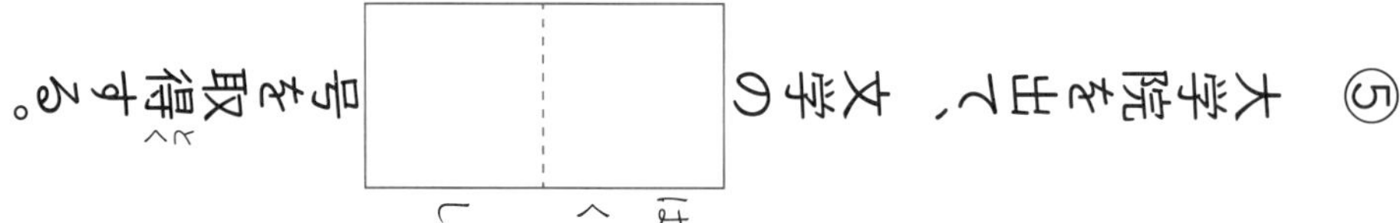

⑤ 大学院を出て、文学の［はくし］号を取得（とく）する。

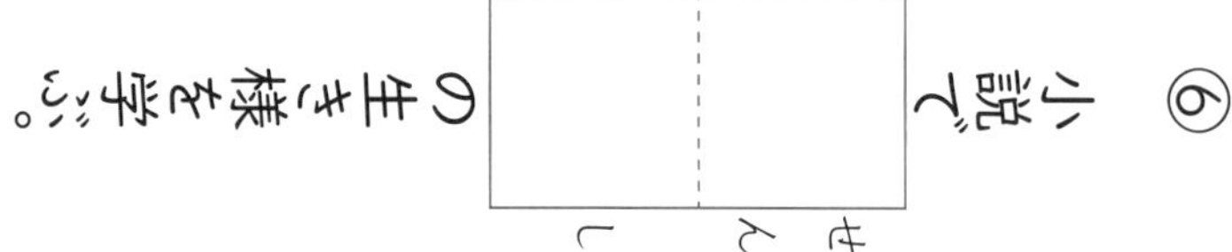

⑥ 小説で［せんし］の生き様を学ぶ。

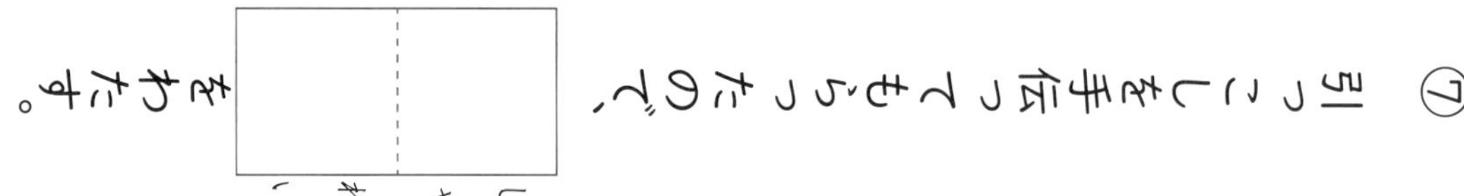

⑦ 引っこしを手伝ってもらったので、［しゃれい］をわたす。

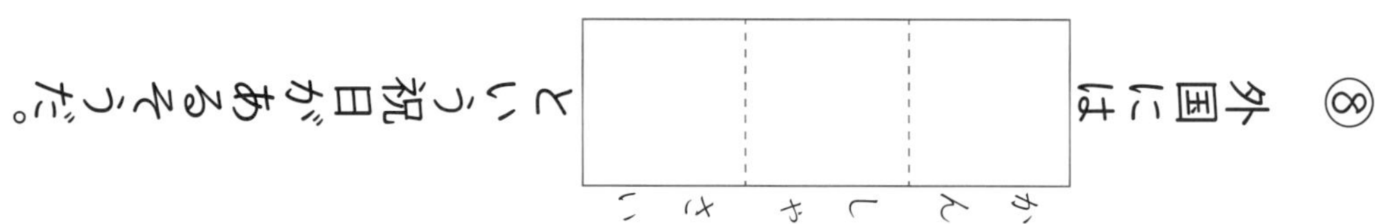

⑧ 外国には［かんしゃさい］という祝日があるそうだ。

ヒント ❷ ⑤「はくし」は、「はかせ」という特別な読み方もします。

きほんのドリル 4 新聞を読もう (1)

時間 15分
合かく80点
/100
サクッとこたえあわせ
答え 99ページ
月　日

書いて覚えよう！

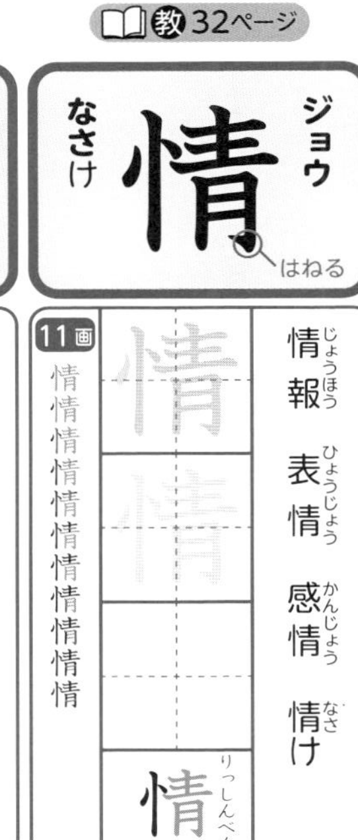

教32ページ
情 ジョウ なさけ（はねる）
11画 情情情情情情情情情情情
情(りっしんべん)
情報（じょうほう）　表情（ひょうじょう）　感情（かんじょう）　情け（なさけ）

教32ページ
報 ホウ（はねる）
12画 報報報報報報報報報報報報
報(つち)
情報（じょうほう）　天気予報（てんきよほう）　報道（ほうどう）　報告（ほうこく）

教32ページ
容 ヨウ（たてに）
10画 容容容容容容容容容容
容(うかんむり)
内容（ないよう）　容器（ようき）　美容院（びよういん）

教32ページ
編 ヘン あむ（「用」ではない）
15画 編編編編編編編編編編編編編編編
編(いとへん)
編集（へんしゅう）　編成（へんせい）　マフラーを編む（あむ）

教32ページ
確 カク たしか たしかめる（出ない）
15画 確確確確確確確確確確確確確確確
確(いしへん)
正確（せいかく）　確実（かくじつ）　時間を確かめる（じかんをたしかめる）

1 読みがなを書きましょう。 28点（一つ4）

① 表情（　　）が明るくなる。
② 新しい 情報（　　）が入る。
③ 内容（　　）を頭に入れる。
④ 動画を 編集（　　）する。
⑤ 母が手ぶくろを 編（　　）む。
⑥ 道を 正確（　　）に覚える。
⑦ 意味を 確（　　）かめる。

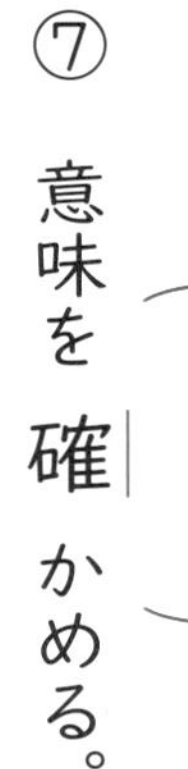

うらのページに続くよ！

2 あてはまる漢字を書きましょう。

72点（一つ9）

① さびしげな夕日をながめて［かんじょう］が高ぶる。

② 試合で負けが続いて、［なさ］けないきもちになる。

③ ［てんきよほう］が雨だったので、かさを持っていく。

④ テレビで最新のニュースが［ほうどう］される。

⑤ 手作りのジャムをガラスの［ようき］に入れる。

⑥ 旅行先で六両［へんせい］の電車に乗る。

⑦ 練習を重ねてきたので、次は［かくじつ］にうまくいく。

⑧ 手順を［たし］かめながら、作業を進める。

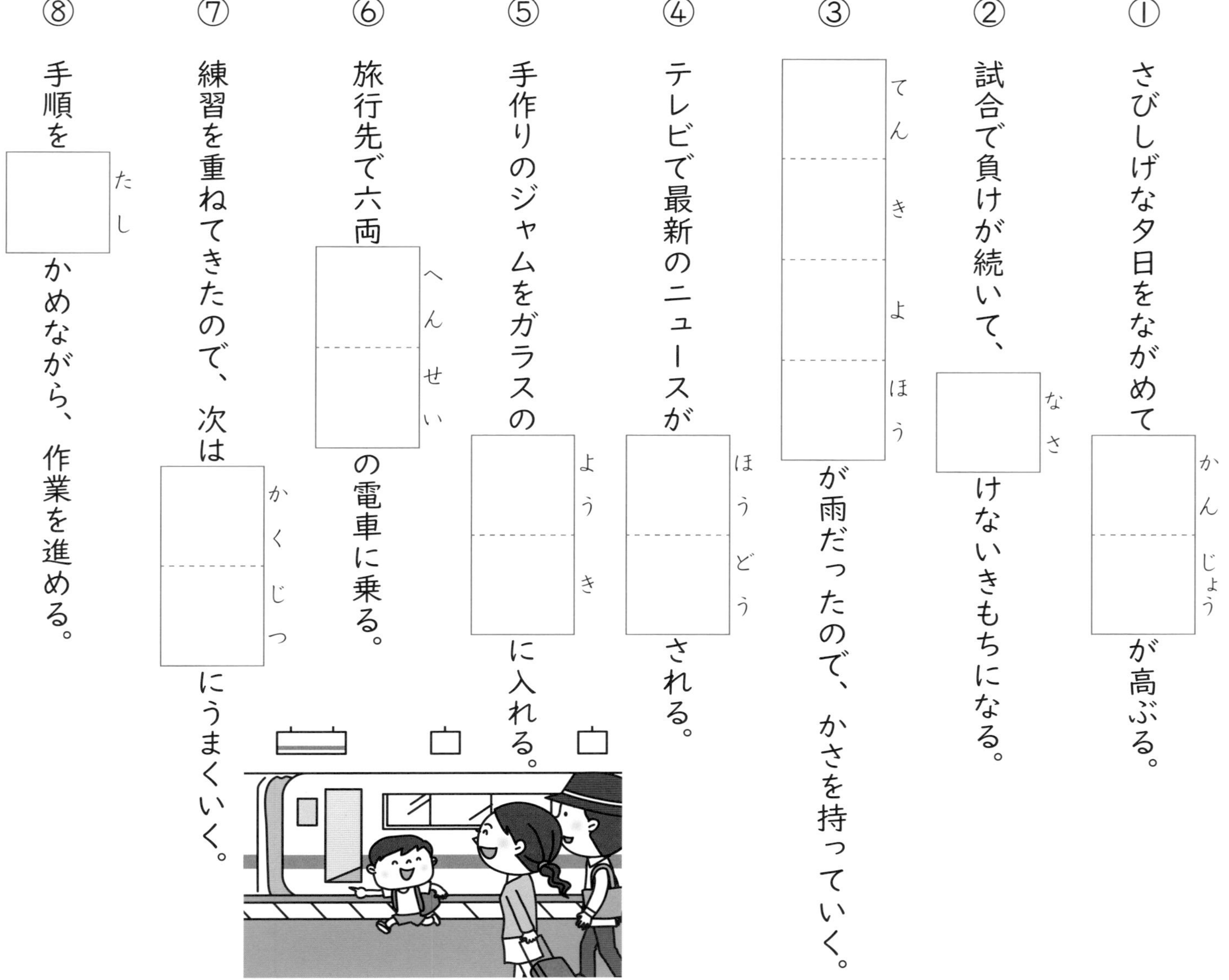

ヒント ❷ ①「じょう」の「忄」を「扌」と書かないように注意しましょう。

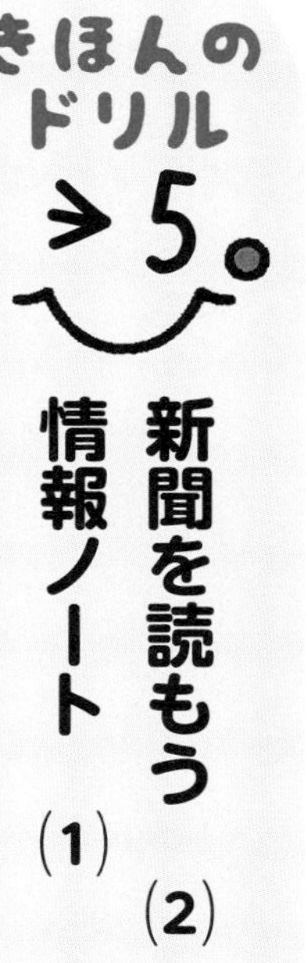

きほんのドリル 5。

新聞を読もう (2)
情報ノート (1)

時間 15分
合かく80点
/100
サクッとこたえあわせ
答え 99ページ
月　日

書いて覚えよう！

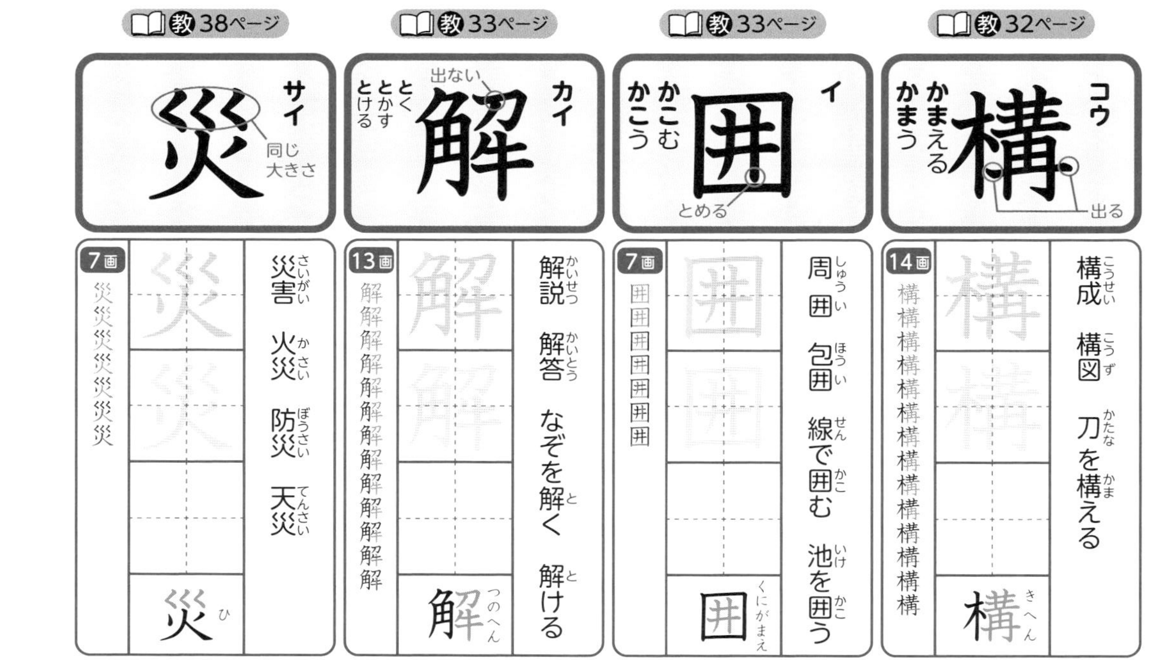

1 読みがなを書きましょう。 28点（一つ4）

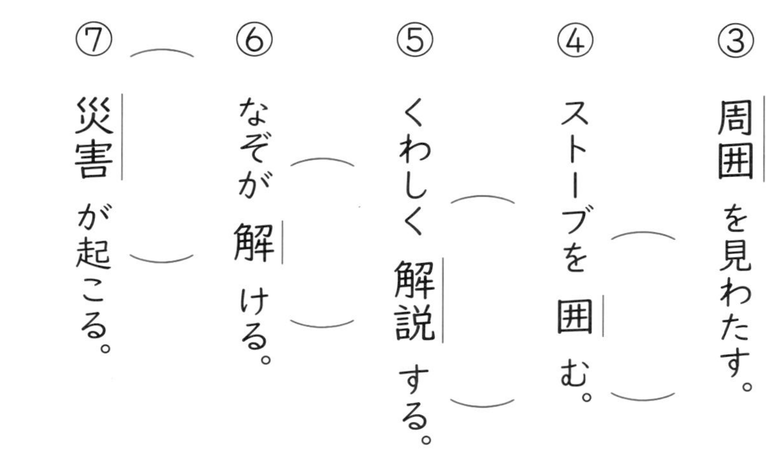

① チームを 構成 する。（　　）

② りっぱな刀を 構 える。（　　）

③ 周囲 を見わたす。（　　）

④ ストーブを 囲 む。（　　）

⑤ くわしく 解説 する。（　　）

⑥ なぞが 解 ける。（　　）

⑦ 災害 が起こる。（　　）

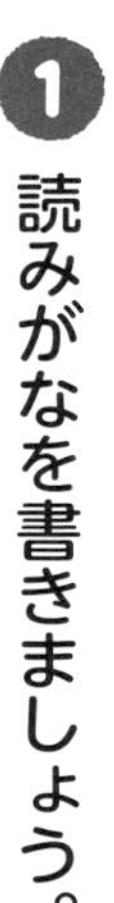

← うらのページに続くよ！

2 あてはまる漢字を書きましょう。

72点（一つ9）

① 絵をかく前に、全体の【こうず】を決める。

② 校門の前で、友達を待ち【かま】える。

③ 警察官が大人数で、建物を【ほうい】する。

④ 立ち位置がわかるように、テープで【かこ】む。

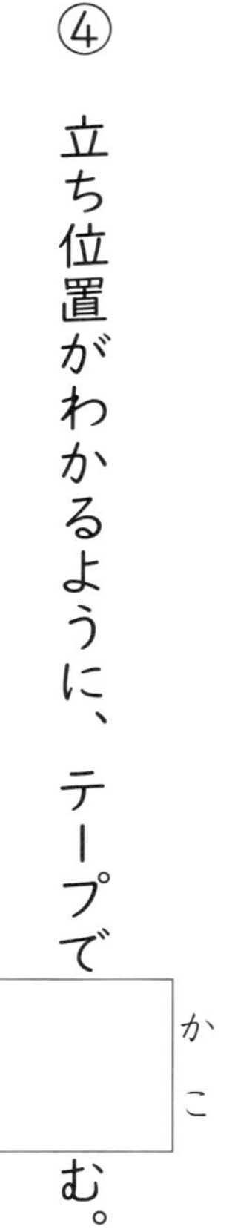

⑤ 【かいとう】を見て、まちがえたところを復習する。

⑥ 冷蔵庫から出した氷が【と】けて水になる。

⑦ ひの元に用心して、【かさい】が起こるのを防ぐ。

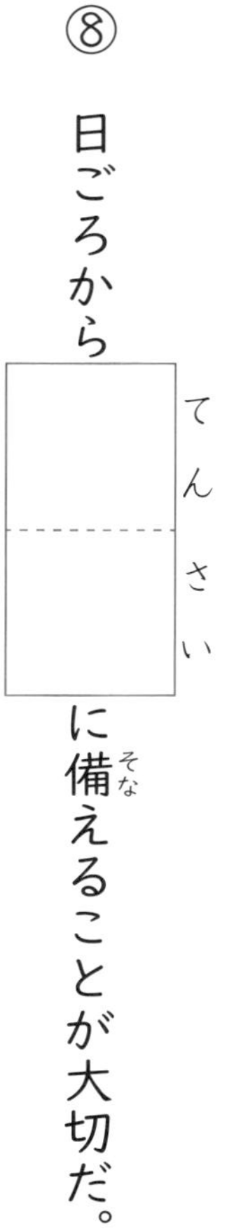

⑧ 日ごろから【てんさい】に備えることが大切だ。

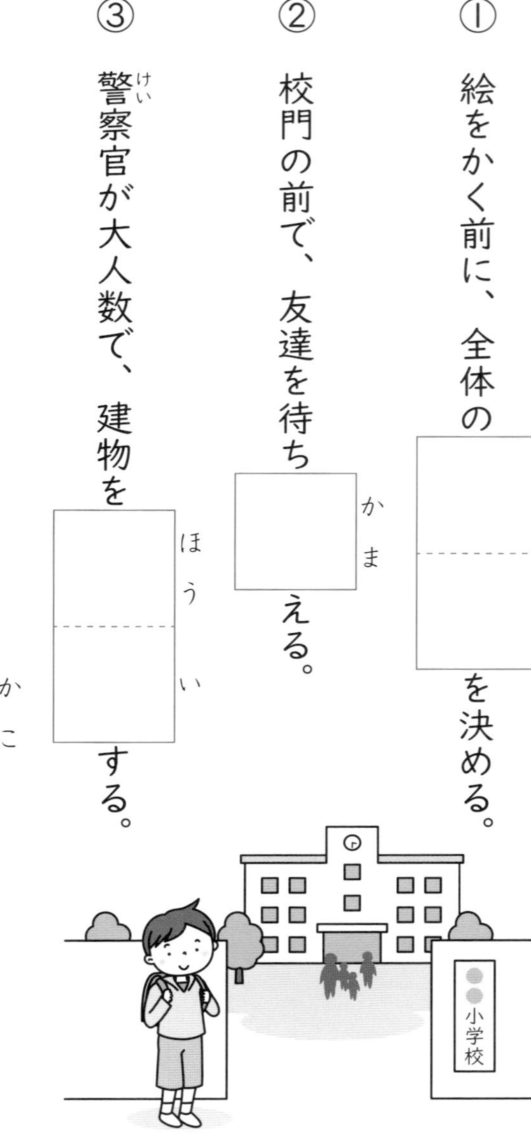

ヒント ❷ ⑤「かい」は、「回」と書くとちがう意味の言葉になるので注意しましょう。

きほんのドリル 6。 情報ノート(2) 漢字学習ノート

書いて覚えよう！

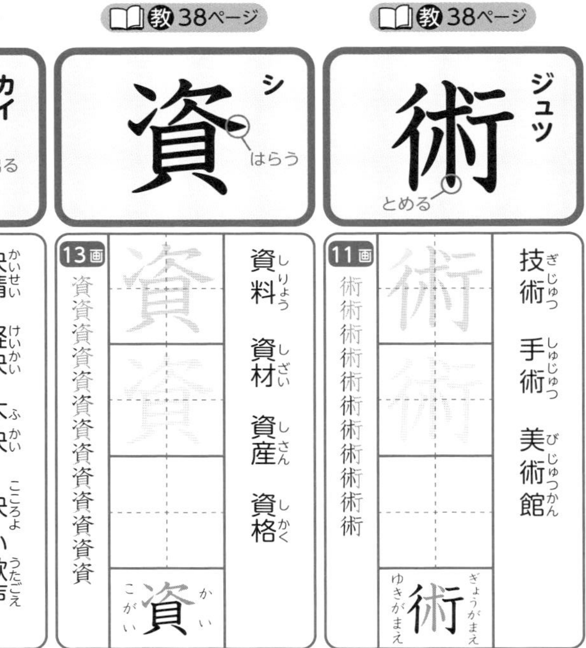

漢字	読み	画数	筆順	言葉	部首	教科書
技	ギ	7画	技技技技技技技	技術（ぎじゅつ） 特技（とくぎ） 球技（きゅうぎ） 競技（きょうぎ）	てへん	教38ページ
術	ジュツ	11画	術術術術術術術術術術術	技術（ぎじゅつ） 手術（しゅじゅつ） 美術館（びじゅつかん）	ぎょうがまえ・ゆきがまえ	教38ページ
資	シ	13画	資資資資資資資資資資資資資	資料（しりょう） 資材（しざい） 資産（しさん） 資格（しかく）	かい・こがい	教38ページ
快	カイ・こころよい	7画	快快快快快快快	快晴（かいせい） 軽快（けいかい） 不快（ふかい） 快い歌声（こころよいうたごえ）	りっしんべん	教40ページ
識	シキ	19画	識識識識識識識識識識識識識識識識識識識	知識（ちしき） 意識（いしき） 識別（しきべつ） 常識（じょうしき）	ごんべん	教40ページ

技：はねる　術：とめる　資：はらう　快：出る　識：はねる

1 読みがなを書きましょう。

28点（一つ4）

① 技術が進歩する。（　）

② 手術を受ける。（　）

③ 資料を読む。（　）

④ 快晴の日が続く。（　）

⑤ 快い音色が流れる。（　）

⑥ 知識をたくわえる。（　）

⑦ 意識がもどる。（　）

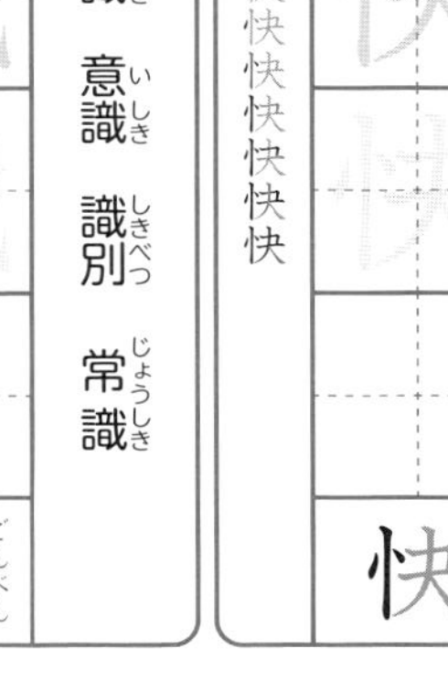

← うらのページに続くよ！

2 あてはまる漢字を書きましょう。

72点（一つ9）

① 親子でいっしょに、リレーの［きょう｜ぎ］に参加する。

② ［び｜じゅつ｜かん］で名画を見て楽しむ。

③ 家を建てるための［し｜ざい］をトラックで運ぶ。

④ 祖父は、たくさんの［し｜さん］を持っている。

⑤ ピアノで［けい｜かい］なリズムの曲をひく。

⑥ めんどうなたのまれ事でも、［こころよ］く引き受ける。

⑦ 最新の機械で、色のちがいを［しき｜べつ］する。

⑧ ［じょう｜しき］がない行動をしないように気をつける。

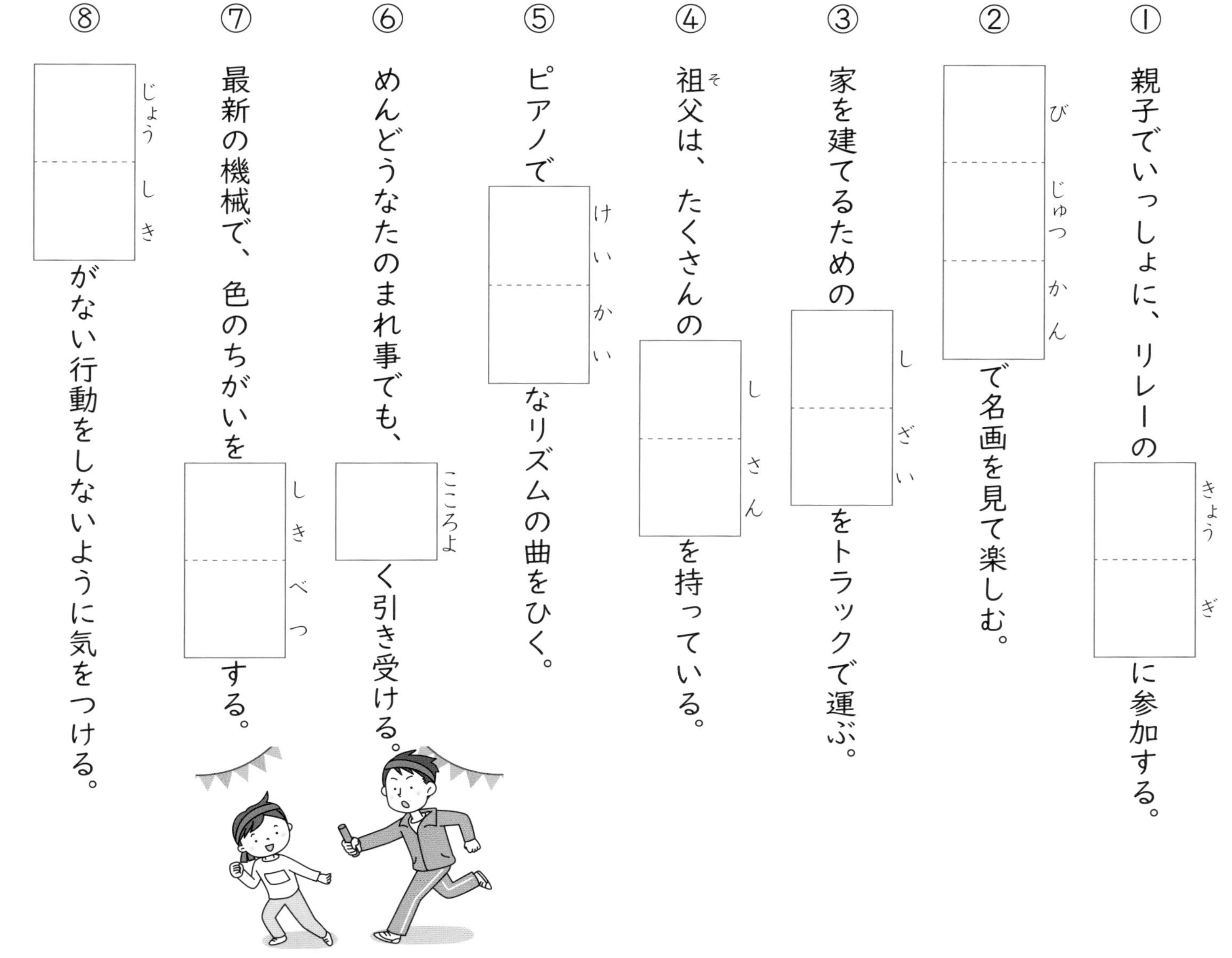

ヒント ２ ⑦「しきべつ」は、「ちがいをはっきりと見分けること」という意味です。

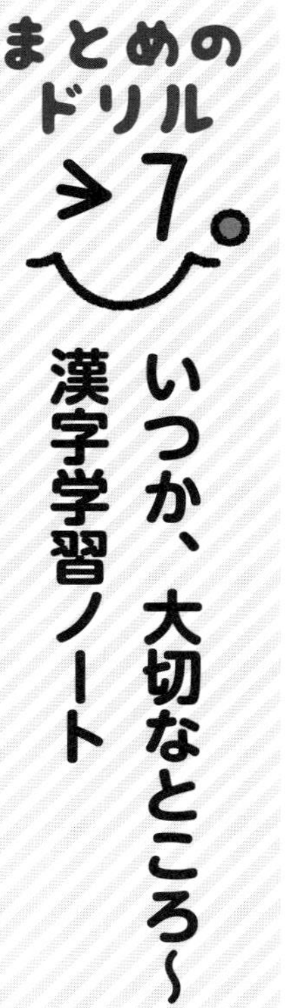

1 漢字の読みがなを書きましょう。 48点（一つ4）

① 永遠（　　）の平和を願う。

② 朝の電車は、車内が混（　　）んでいる。

③ ニュースを見て、新しい情報（　　）を手に入れる。

④ 大事な場所を丸で囲（　　）む。

⑤ 栄養士（　　）が調理場をかたづける。

⑥ 母の日に感謝（　　）の気持ちを伝える。

⑦ 職（しょく）人が技術（　　）だけでなく知識（　　）も身につける。

⑧ 本の内容（　　）を理解（　　）する。

⑨ 五両編成（　　）の電車のまどから、快（　　）い風が入ってくる。

うらのページに続くよ！

2 あてはまる漢字を書きましょう。〔　〕には漢字とひらがなを書きましょう。

52点（一つ4）

① パソコンが［せいじょう］に動く。

② 新しいチームのふんいきに〔なれる〕。

③ 山と山の間から太陽が〔あらわれた〕。

④ メニューを見て、何を食べるか〔まよう〕。

⑤ 横断（だん）歩道をわたるときは、左右を［かく］認（にん）する。

⑥ ［こん］雑（ざっ）した駅の［こうない］で友達とはぐれる。

⑦ ［さいがい］に関する［じょうほう］を手に入れる。

⑧ ［し］源（げん）を大切に使うための［ぎじゅつ］を研究する。

⑨ 部屋を［かい］適（てき）な［じょうたい］に保（たも）つ。

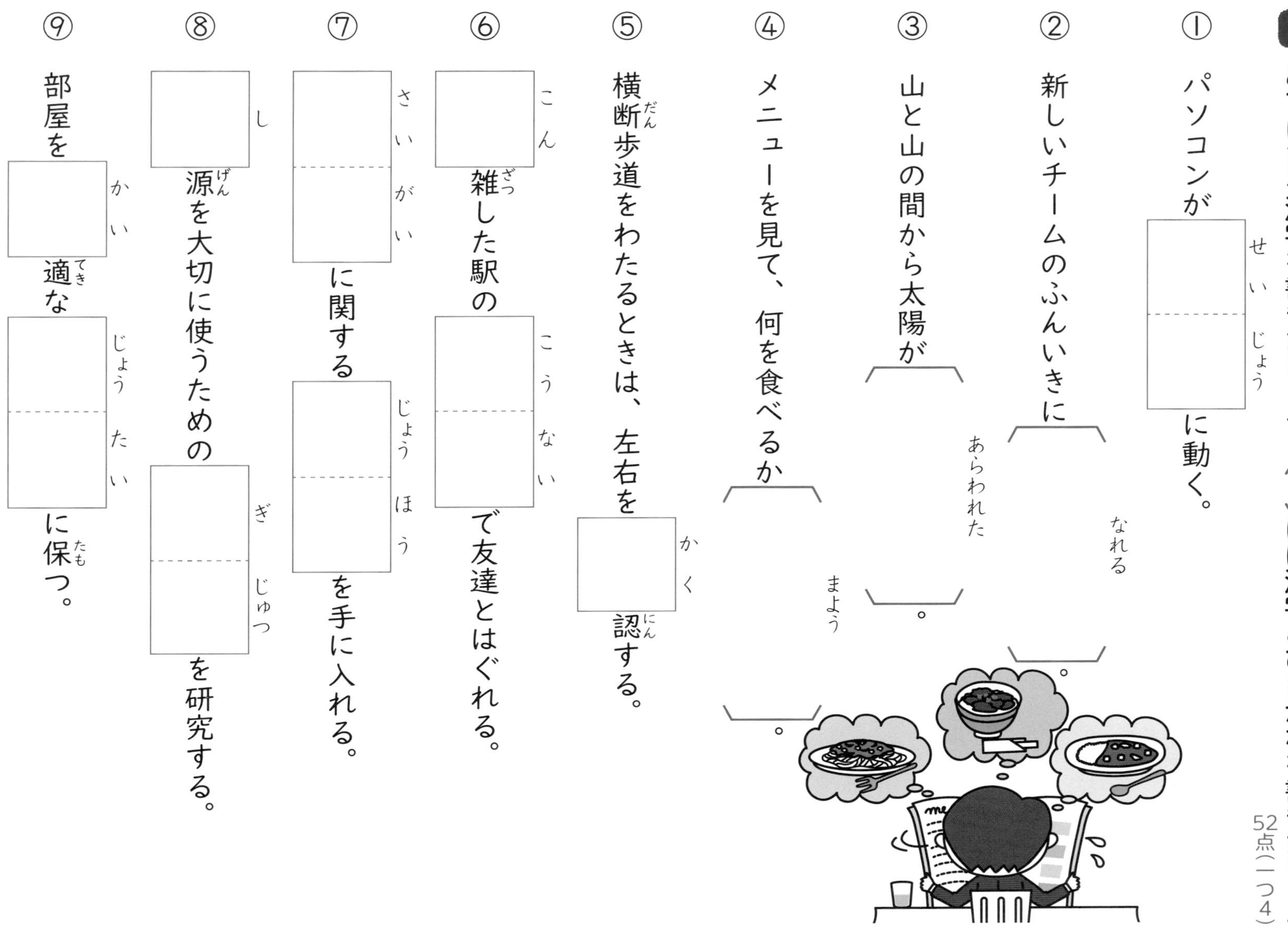

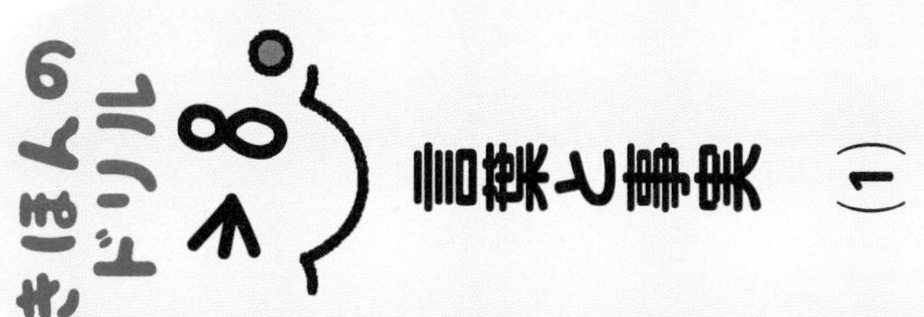

きほんのドリル 8。

言葉と事実（1）

時間 15分　合かく80点　／100

答え 100ページ　サクッとこたえあわせ

月　日

書いて覚えよう！

教 46ページ
際　サイ　（はねる）
14画　際際際際際際際際際際際際際際
際（こざとへん）
実際（じっさい）　国際化（こくさいか）　交際（こうさい）

教 47ページ
逆　ギャク　さか　さからう　（はらう）
9画　逆逆逆逆逆逆逆逆逆
逆（しんにょう・しんにゅう）
逆転（ぎゃくてん）　逆算（ぎゃくさん）　逆さま（さかさま）　逆らう（さからう）

教 48ページ
象　ショウ　ゾウ　（つけるところ注意）
12画　象象象象象象象象象象象象
象（ぶた・いのこ）
印象（いんしょう）　気象台（きしょうだい）　アフリカ象（ぞう）

教 48ページ
価　カ　（つける）
8画　価価価価価価価価
価（にんべん）
価値（かち）　物価（ぶっか）　定価（ていか）

教 48ページ
非　ヒ　（出ない）
8画　非非非非非非非非
非（あらず・ひ）
非常（ひじょう）　非常口（ひじょうぐち）

1 読みがなを書きましょう。　28点（一つ4）

① 実際（　　）の話。

② 逆転（　　）で勝利する。

③ 川の流れに逆（　　）らう。

④ よい印象（　　）を受ける。

⑤ 象（　　）の鼻は長い。

⑥ 価（　　）値（ち）のある品物。

⑦ 非常（　　）にはげしい雨。

←うらのページに続くよ！

❷ あてはまる漢字を書きましょう。

72点（一つ9）

① ［こくさいか］にともなって、英語を学ぶ。

② 宿題をする時間を［ぎゃくさん］して計画を立てる。

③ 公園で、［さか］上がりの練習をする。

④ ［きしょうだい］で、遠くの星を観測（そく）する。

⑤ 動ぶつ園に行って、［ぞう］の親子を見る。

⑥ 景きがよくなって、［ぶっか］が高くなる。

⑦ この店の品は、全て［ていか］で売られている。

⑧ ［ひじょうぐち］の場所を確認（にん）する。

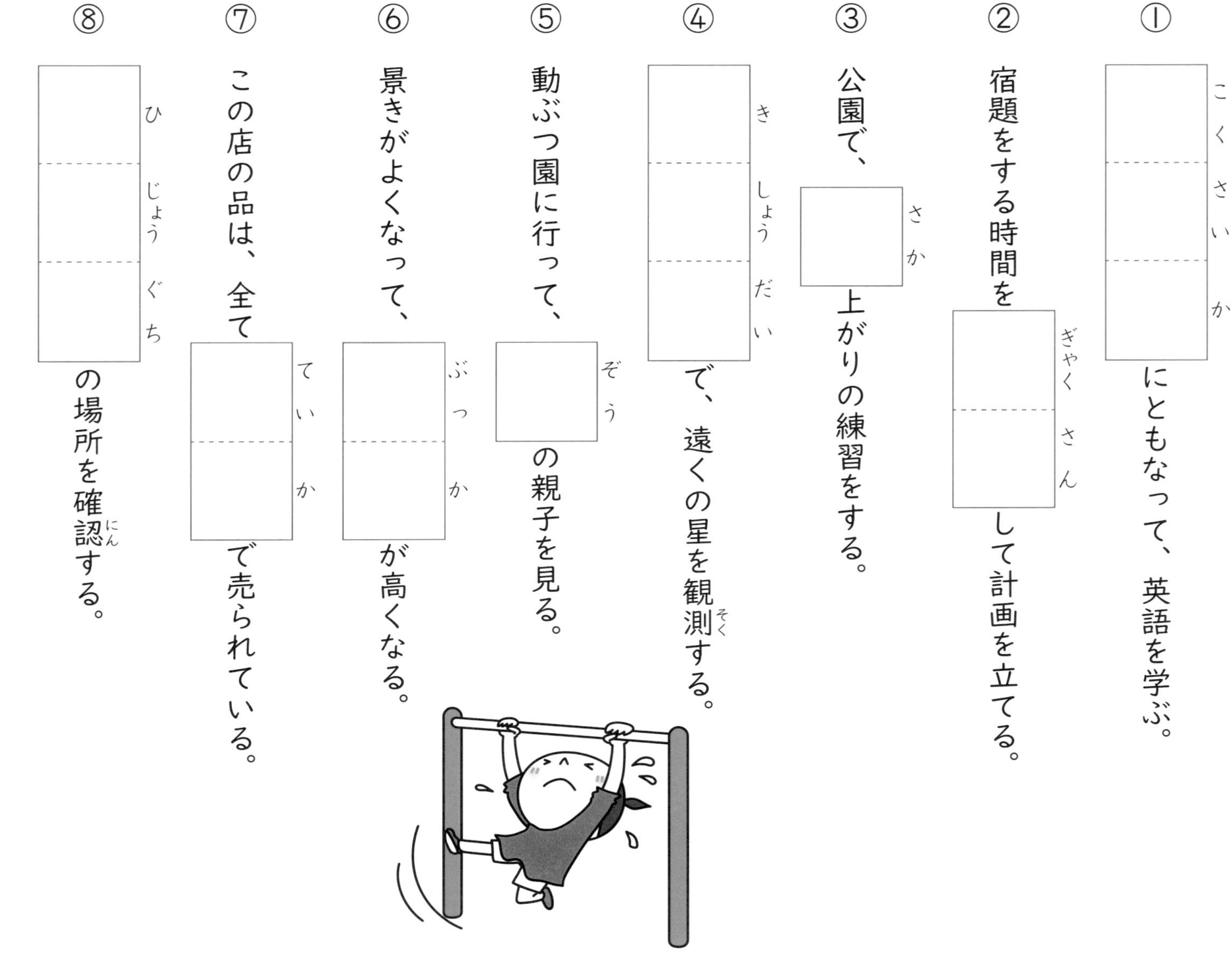

ヒント ❷②・③「ぎゃく」「さか」の6画目は、上につき出さないように注意しましょう。

きほんのドリル 9

言葉と事実 (2)
話し言葉と書き言葉 (1)

時間 15分　合かく80点　/100

答え 100ページ

月　日

書いて覚えよう！

漢字	読み	教科書	画数	言葉
像	ゾウ	教49ページ	14画	想像（そうぞう）　石像（せきぞう）　画像（がぞう）
織	シキ・おる	教49ページ	18画	組織（そしき）　織（お）り　布（ぬの）を織（お）る
証	ショウ	教54ページ	12画	証明（しょうめい）　証言（しょうげん）　保証（ほしょう）
属	ゾク	教54ページ	12画	所属先（しょぞくさき）　金属（きんぞく）　付属（ふぞく）
比	ヒ・くらべる	教56ページ	4画	対比（たいひ）　比例（ひれい）　力（ちから）を比（くら）べる

像：はねる　にんべん
織：はねる　いとへん
証：長く　ごんべん
属：はねる　かばね・しかばね
比：上にはねる　ならびひ・くらべる

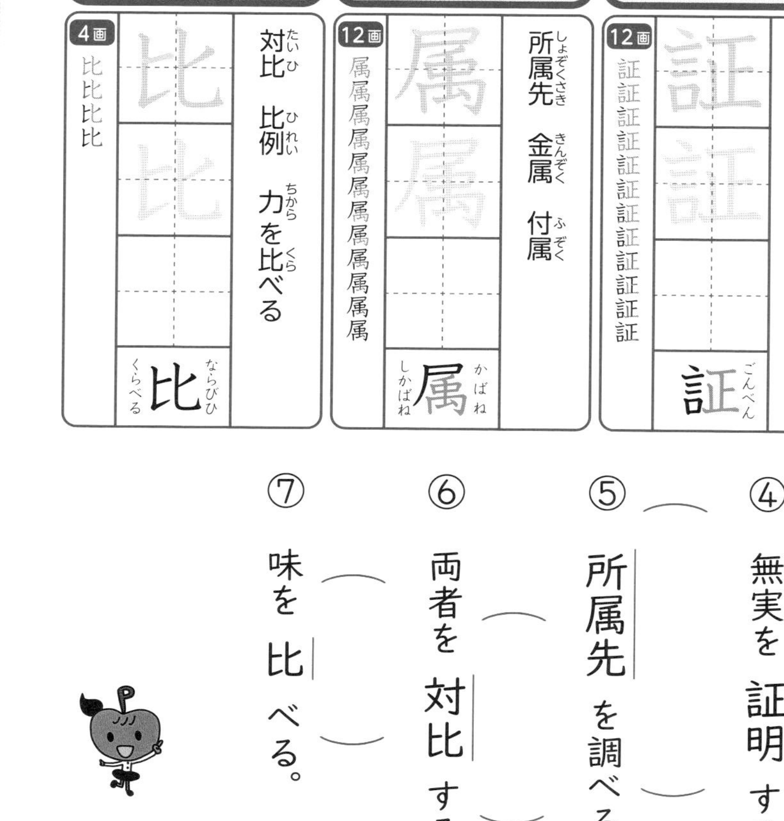

1 読みがなを書きましょう。　28点（一つ4）

① 未来を想像する。

② 県の組織に入る。

③ 手織りの布（ぬの）。

④ 無実を証明する。

⑤ 所属先を調べる。

⑥ 両者を対比する。

⑦ 味を比べる。

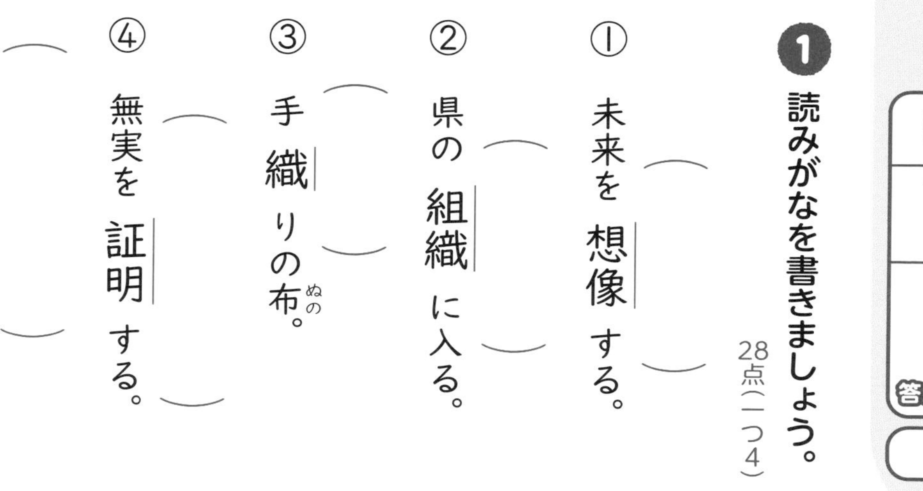

うらのページに続くよ！

教科書 上46～57ページ

2 あてはまる漢字を書きましょう。

72点(一つ9)

① スイスで、有名なライオンの□□(せきぞう)を見学する。

② スクリーンにあざやかな□□(がぞう)がうつる。

③ 店で□(お)りのやわらかなハンカチを選んで買う。

④ □□(しょうげん)にもとづいて、もう一度調査(さ)を行う。

⑤ この商品には、一年の保(ほ)□(しょう)がついている。

⑥ □□(きんぞく)でできたスプーンが熱くなる。

⑦ テレビに□□(ふぞく)しているリモコンに電池を入れる。

⑧ 成績(せき)を他人と□(くら)べても、仕方がない。

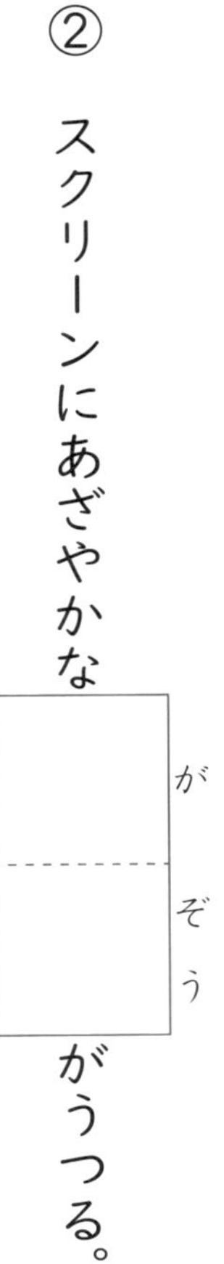

ヒント ❷ ③「おり」は、「折」とはちがう字を書くので注意しましょう。

きほんのドリル 10。

話し言葉と書き言葉 すいせんしよう「町じまん」 (1) (2)

時間 15分 合かく80点 /100

サクッとこたえあわせ 答え100ページ

月 日

書いて覚えよう!

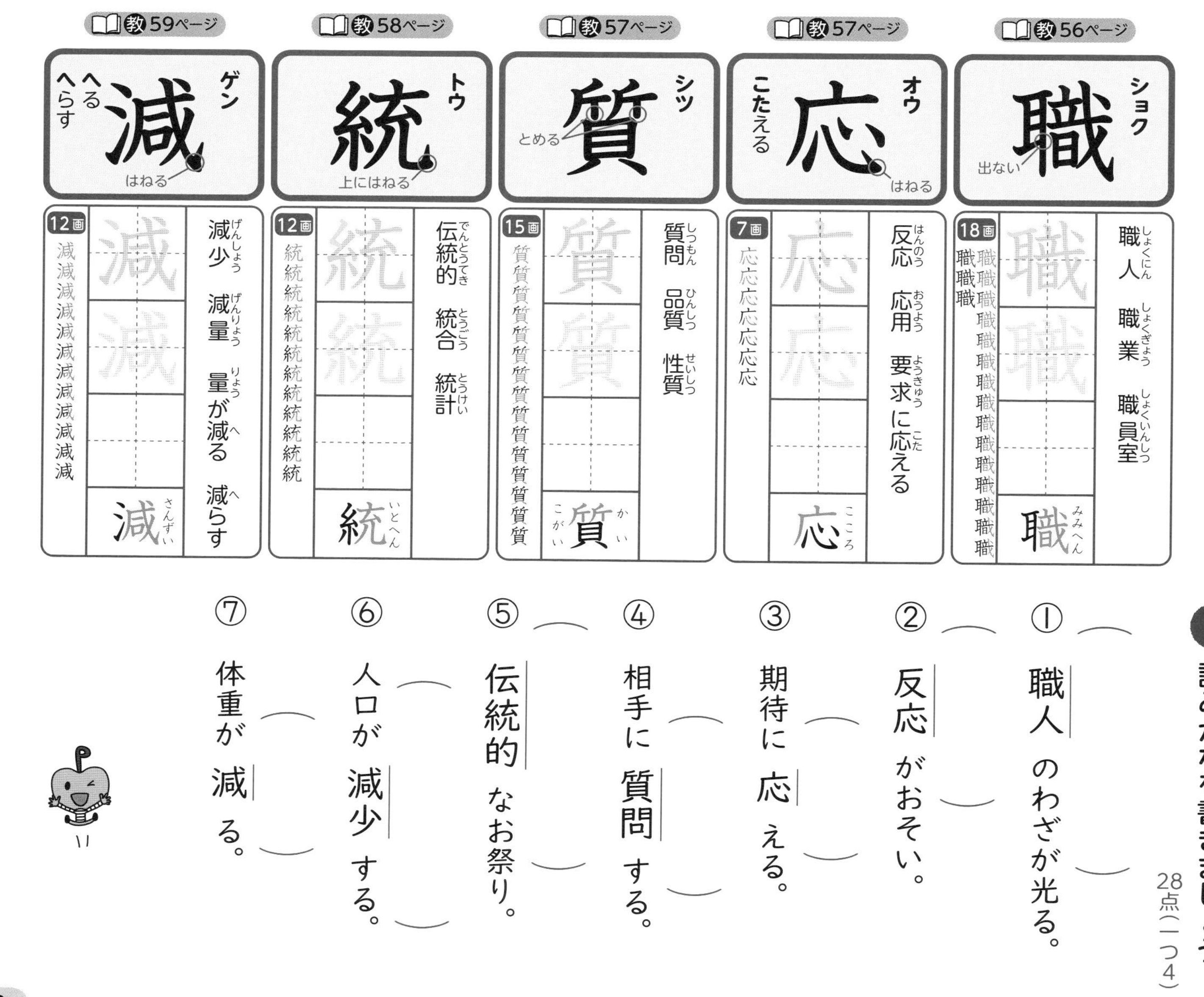

1 読みがなを書きましょう。 28点（一つ4）

① 職人のわざが光る。（　）

② 反応がおそい。（　）

③ 期待に応える。（　）

④ 相手に質問する。（　）

⑤ 伝統的なお祭り。（　）

⑥ 人口が減少する。（　）

⑦ 体重が減る。（　）

教科書 上56～61ページ

うらのページに続くよ!

2 あてはまる漢字を書きましょう。

72点（一つ9）

① わたしがあこがれている［しょくぎょう］は通訳（やく）だ。

② 今までに勉強してきたことを［おうよう］して考える。

③ よい関係を築（きず）くために、相手の国の要求に［こた］える。

④ ［ひんしつ］を高めるために、みんなで努力をする。

⑤ となりどうしの村を、一つに［とうごう］する。

⑥ アンケートでみんなの［とうけい］をとる。

⑦ ボクサーが試合の前に［げんりょう］をする。

⑧ 日照り続きで、ダムの水が［へ］る。

❷ ③「こたえる」は、「答」とはちがう字を書くので注意しましょう。

きほんのドリル 11。

すいせんしよう「町じまん」(2)
案内やしょうかいのポスター
漢文に親しむ (1)

教科書 上58〜69ページ

書いて覚えよう！

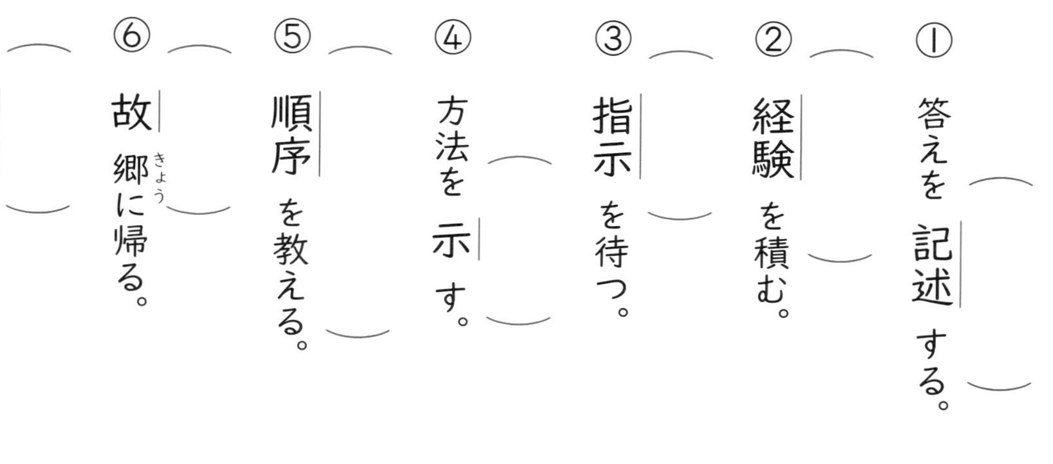

1 読みがなを書きましょう。 28点（一つ4）

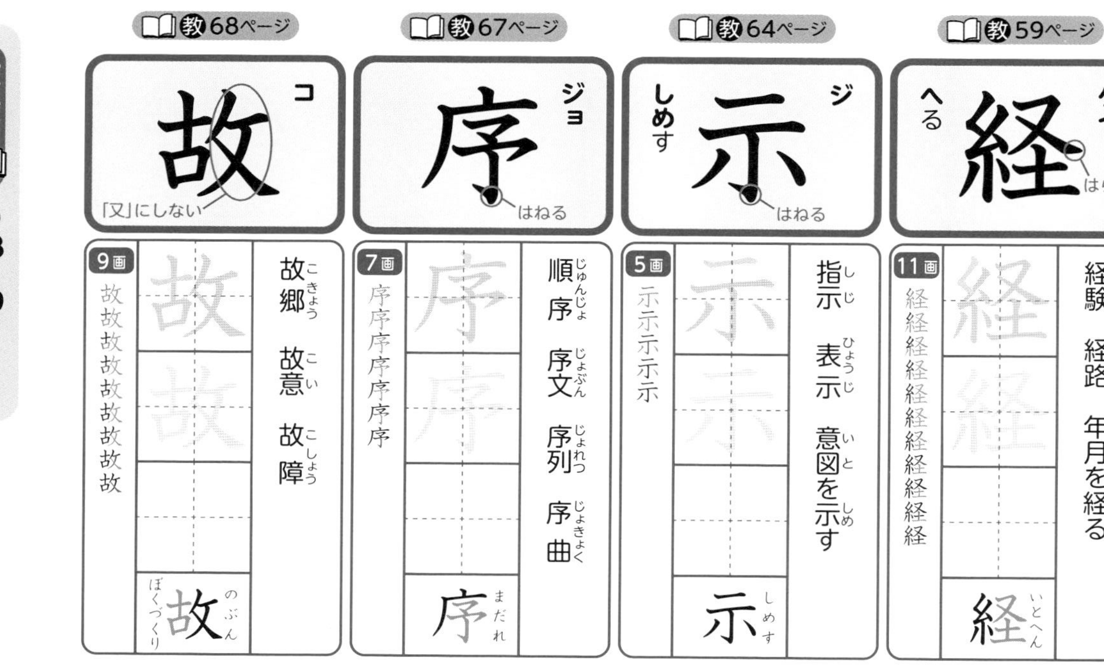

① 答えを 記述 する。（　　）

② 経験 を積む。（　　）

③ 指示 を待つ。（　　）

④ 方法を 示 す。（　　）

⑤ 順序 を教える。（　　）

⑥ 故 郷（きょう）に帰る。（　　）

⑦ 故意 にぶつかる。（　　）

うらのページに続くよ！

2 あてはまる漢字を書きましょう。

72点（一つ9）

① ノートに（　　）[きじゅつ]した内容を音読する。

② クラスの話し合いで、意見をはっきりと（　）[の]べる。

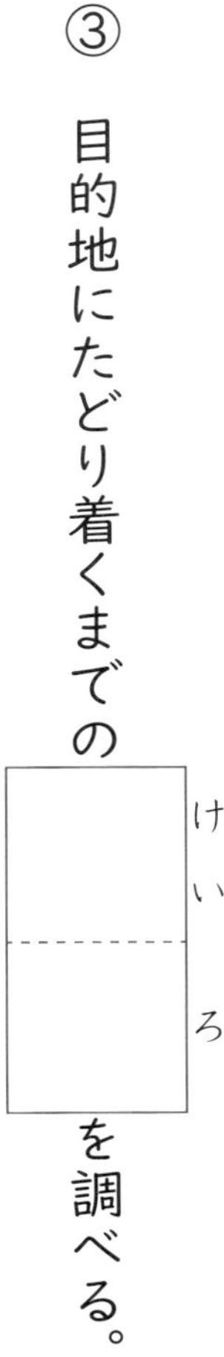

③ 目的地にたどり着くまでの（　　）[けいろ]を調べる。

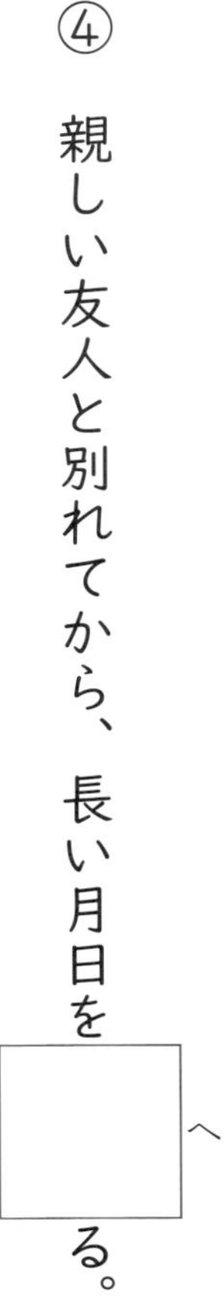

④ 親しい友人と別れてから、長い月日を（　）[へ]る。

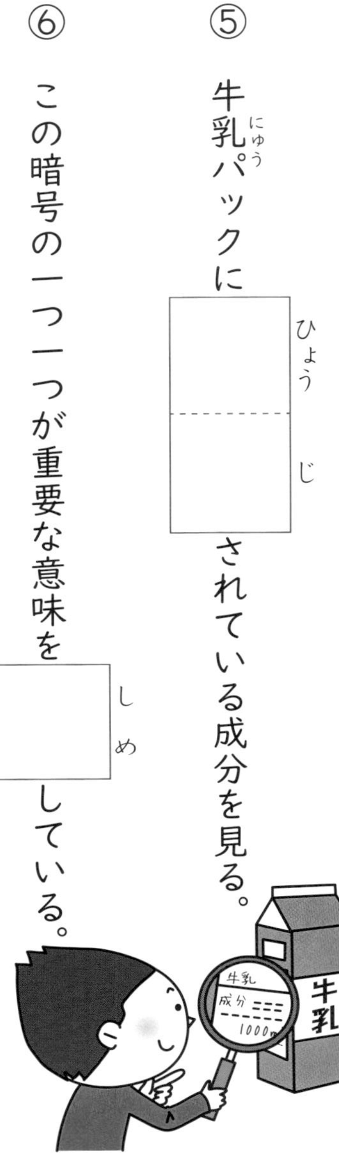

⑤ 牛乳[にゅう]パックに（　　）[ひょうじ]されている成分を見る。

⑥ この暗号の一つ一つが重要な意味を（　）[しめ]している。

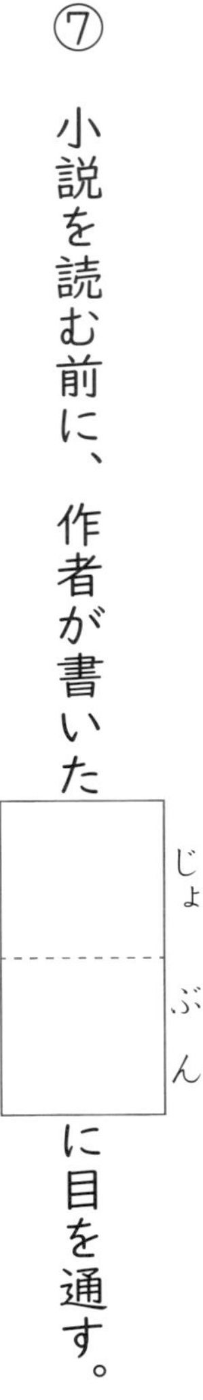

⑦ 小説を読む前に、作者が書いた（　　）[じょぶん]に目を通す。

⑧ 車が（　）[こ]障[しょう]したので、電車で出かける。

ヒント ❷ ⑦「じょぶん」は、本などの前書きのぶん章のことです。

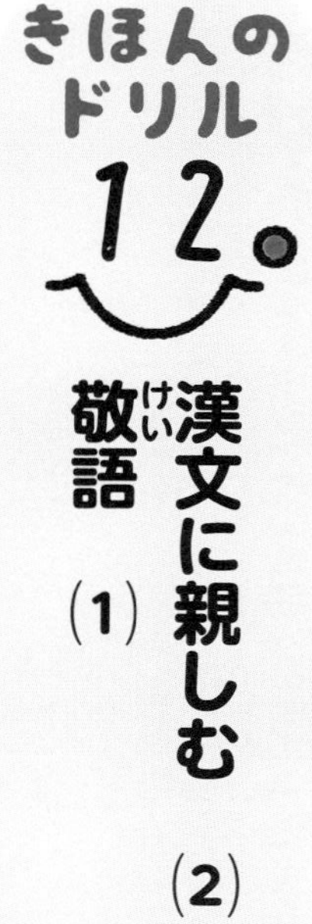

きほんのドリル 12。 漢文に親しむ (2) 敬語 (1)

時間 15分　合かく80点　/100

サクッとこたえあわせ　答え 100ページ

月　日

書いて覚えよう！

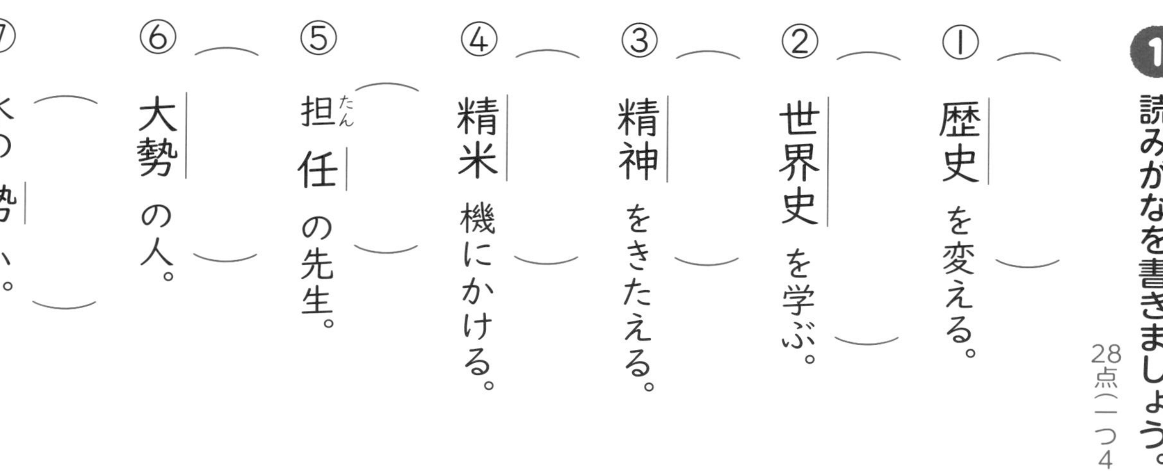

漢字	読み	画数	筆順	言葉	教科書
歴 (とめる)	レキ	14画	歴歴歴歴歴歴歴歴歴歴歴歴歴歴	歴史（れきし）　歴代（れきだい）　学歴（がくれき）　経歴（けいれき）	教68ページ
史 (出る)	シ	5画	史史史史史	歴史（れきし）　世界史（せかいし）　史上（しじょう）	教68ページ
精 (はねる)	セイ	14画	精精精精精精精精精精精精精精	精神（せいしん）　精米（せいまい）　精通（せいつう）　精を出す（せいをだす）	教69ページ
任 (つける)	ニン　まかせる　まかす	6画	任任任任任任	担任（たんにん）　任命（にんめい）　仕事を任せる（しごとをまかせる）	教70ページ
勢 (上にはねる)	セイ　いきおい	13画	勢勢勢勢勢勢勢勢勢勢勢勢勢	大勢（おおぜい）　勢力（せいりょく）　勢いをつける（いきおいをつける）	教71ページ

部首：歴（とめる）　史（くち）　精（こめへん）　任（にんべん）　勢（ちから）

1 読みがなを書きましょう。 28点（一つ4）

① 歴史（　　）を変える。

② 世界史（　　）を学ぶ。

③ 精神（　　）をきたえる。

④ 精米（　　）機にかける。

⑤ 担（たん）任（　　）の先生。

⑥ 大勢（　　）の人。

⑦ 水の勢（　　）い。

←うらのページに続くよ！

2 あてはまる漢字を書きましょう。

72点（一つ9）

① 今年のサッカーチームは、［れきだい］で最強だ。

② 新作の小説は、［しじょう］最高の作品になった。

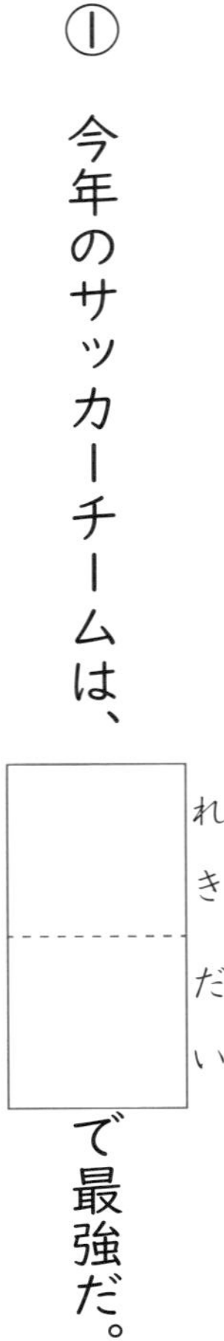

③ 兄は物知りで、特に天文学の分野に［せいつう］している。

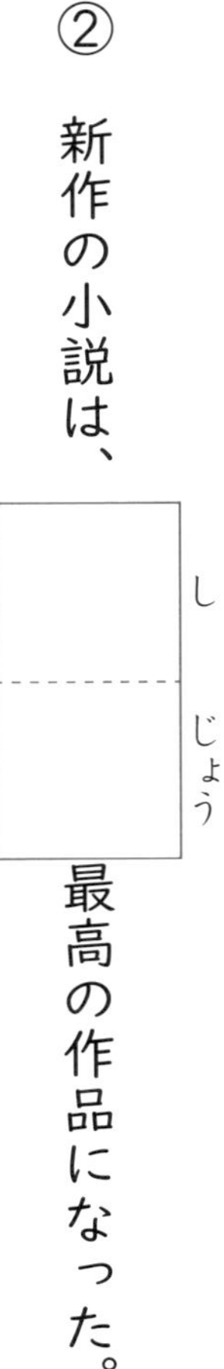

④ あこがれの職業につくことができ、毎日仕事に［せい］を出す。

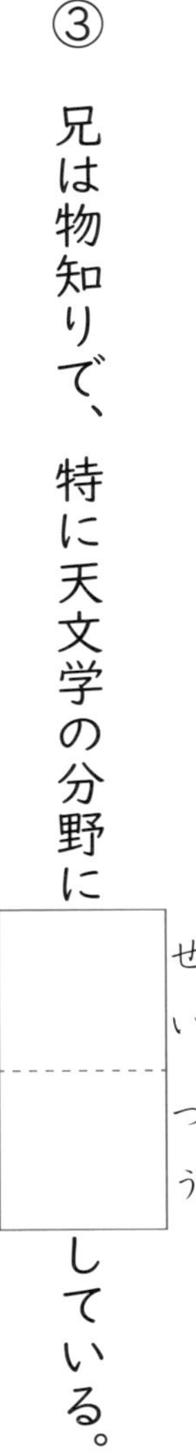

⑤ クラス全員が合意して、学級委員長を［にんめい］する。

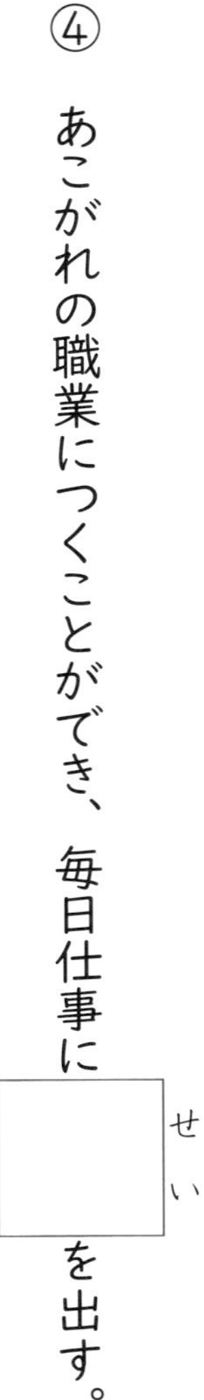

⑥ ウサギの世話を生き物係に［まか］せる。

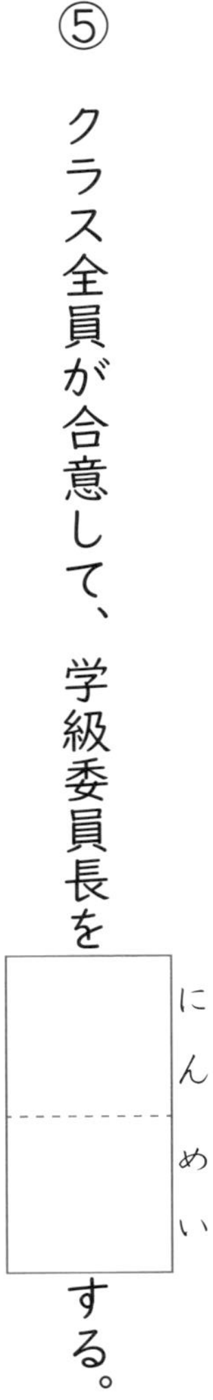

⑦ 台風の［せいりょく］がなかなかおとろえない。

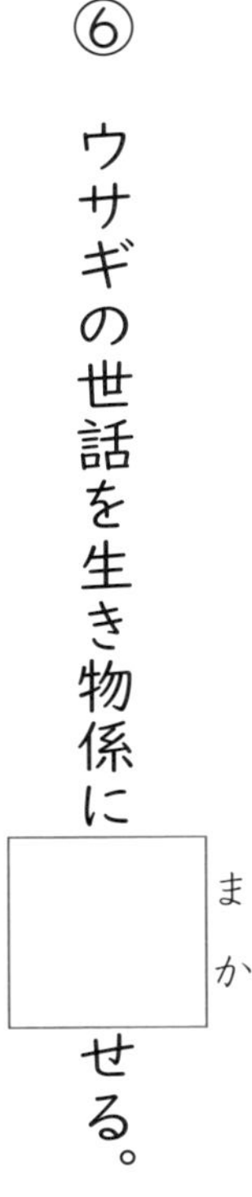

⑧ ［いきお］いをつけて起きあがる。

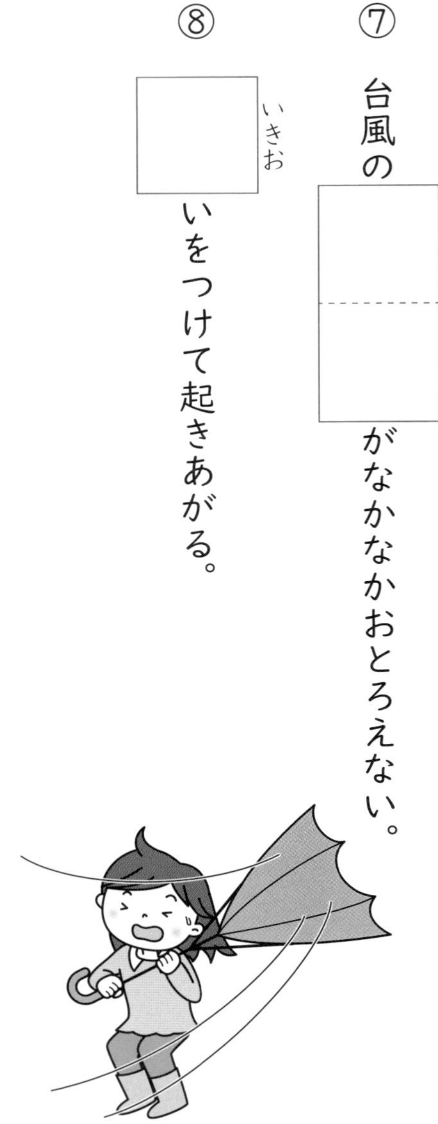

ヒント ２ ③「せいつう」は、「特定の物事についてくわしく知っていること」という意味です。

きほんのドリル 13. 敬語(けいご)(2)

書いて覚えよう！

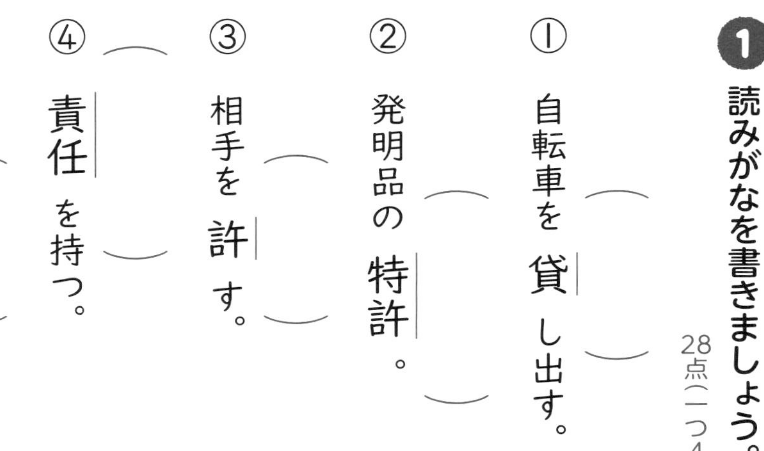

- 貸（かす）〔教71ページ〕 12画 はねる 貸し出す（かしだす） 筆記用具（ひっきようぐ）を貸（か）す 部首：貝（かい・こがい）
- 許（キョ・ゆるす）〔教71ページ〕 11画 出ない 特許（とっきょ） 許可（きょか） 失敗（しっぱい）を許（ゆる）す 部首：言（ごんべん）
- 責（セキ・せめる）〔教71ページ〕 11画 長く 責任（せきにん） 自責（じせき） 自分（じぶん）を責（せ）める 部首：貝（かい・こがい）
- 適（テキ）〔教73ページ〕 14画 はらう 適切（てきせつ） 適当（てきとう） 適度（てきど） 部首：辶（しんにょう・しんにゅう）
- 程（テイ）〔教73ページ〕 12画 とめる 日程（にってい） 音程（おんてい） 程度（ていど） 部首：禾（のぎへん）

1 読みがなを書きましょう。 28点（一つ4）

① 自転車を 貸（　　）し出す。

② 発明品の 特許（　　）。

③ 相手を 許（　　）す。

④ 責任（　　）を持つ。

⑤ 他人を 責（　　）める。

⑥ 適切（　　）な回答。

⑦ 日程（　　）を決める。

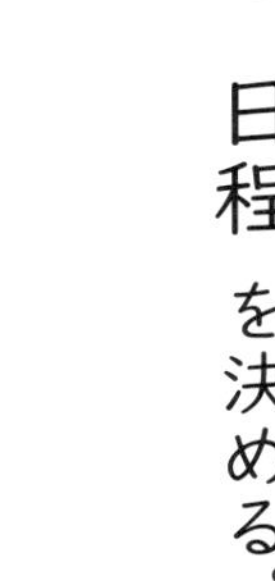

← うらのページに続くよ！

❷ あてはまる漢字を書きましょう。

72点（一つ9）

① お金の［か］し借りに、しんちょうになる。

② やっと入場の［きょ］可が出る。

③ 心を［ゆる］せる友達に囲まれて過ごす。

④ あやまちに気づいて、［じせき］の念にかられる。

⑤ 失敗はだれにでもあるのだから、人を［せ］めてはいけない。

⑥ 午後からいそがしいので、昼食を［てきとう］にすませる。

⑦ 運動不足の父に、［てきど］な運動をすすめる。

⑧ 姉が、正確な［おんてい］でバイオリンをひく。

ヒント ❷ ④「じせき」は、「あやまちやせき任が自分にあると考えること」という意味です。

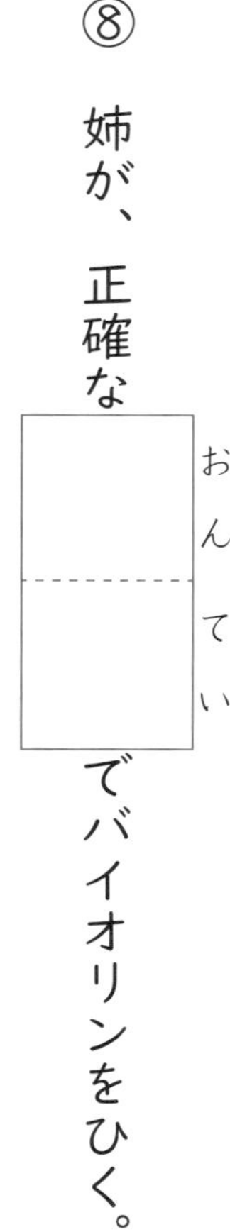

きほんのドリル 14。 複合語

書いて覚えよう！

1 読みがなを書きましょう。 28点（一つ4）

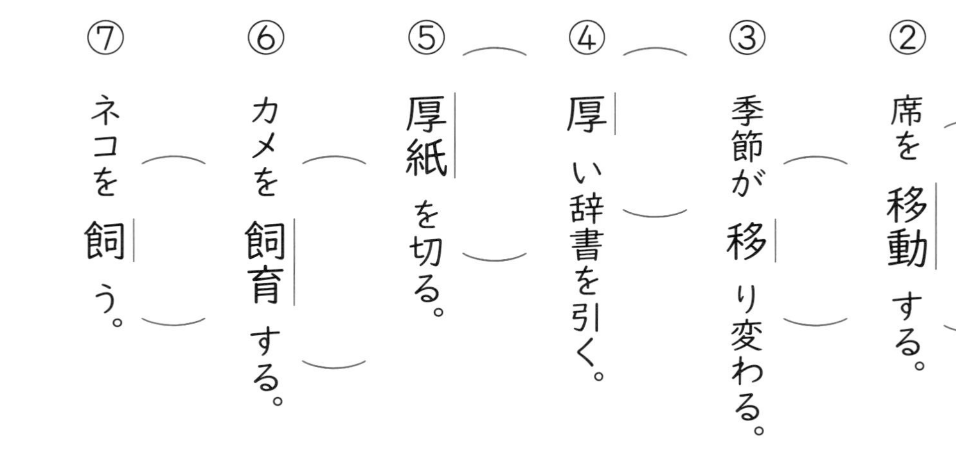

① 複合語の意味。（　　）

② 席を移動する。（　　）

③ 季節が移り変わる。（　　）

④ 厚い辞書を引く。（　　）

⑤ 厚紙を切る。（　　）

⑥ カメを飼育する。（　　）

⑦ ネコを飼う。（　　）

「あつ－い」と読む字は「厚い」「暑い」「熱い」があります。使い分けられるようにしましょう。

← うらのページに続くよ！

❷ あてはまる漢字を書きましょう。

72点（一つ9）

① 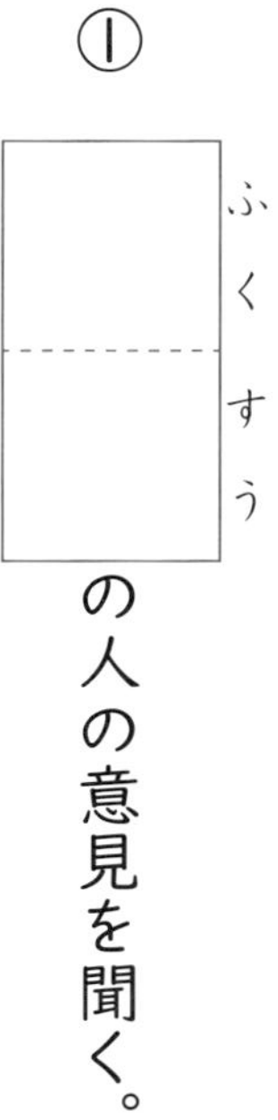（ふくすう）の人の意見を聞く。

② 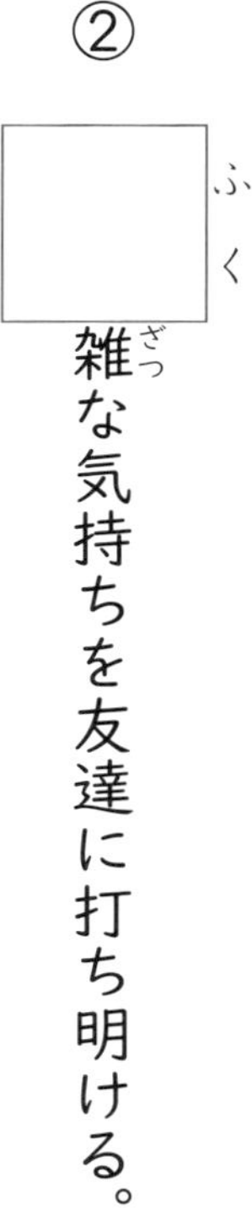（ふく）雑（ざつ）な気持ちを友達に打ち明ける。

③ 心機一転、外国へ （いじゅう）する。

④ 野球からサッカーに関心が 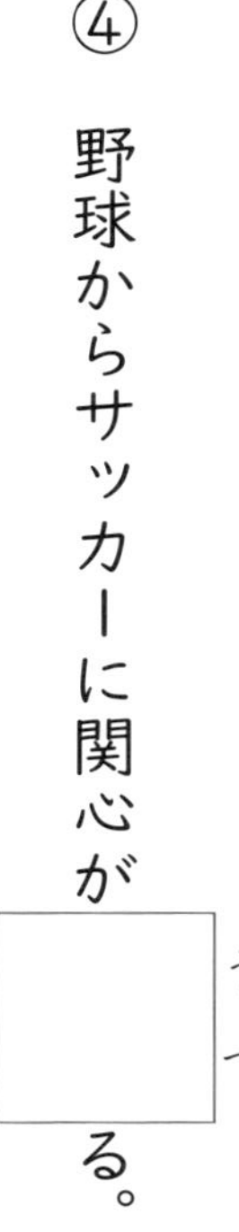（うつ）る。

⑤ わたしの周りには人情に 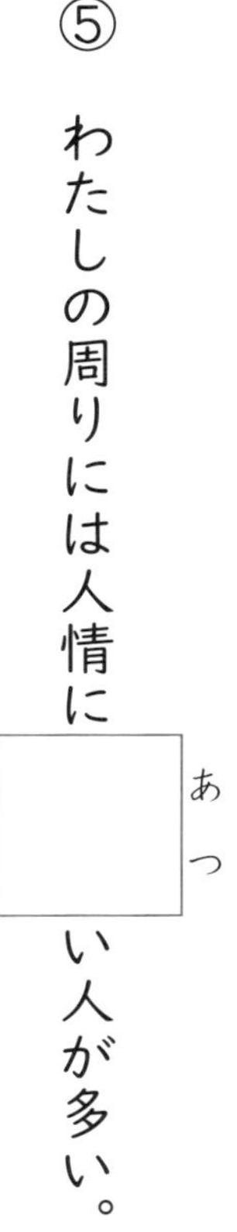（あつ）い人が多い。

⑥ 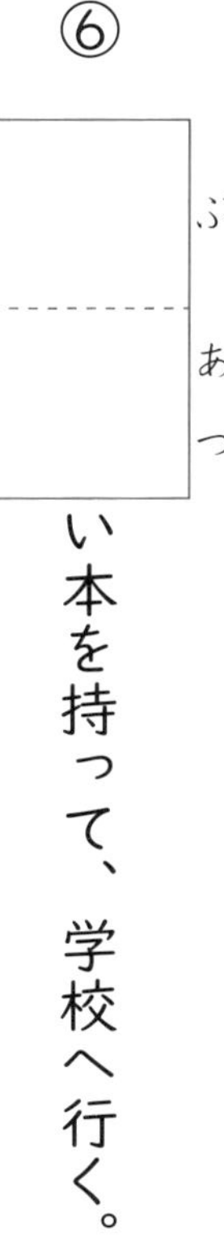（ぶあつ）い本を持って、学校へ行く。

⑦ 牛に 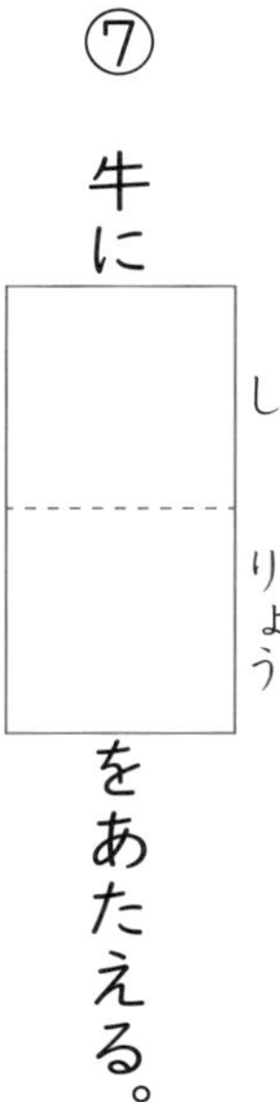（しりょう）をあたえる。

⑧ 新しく引っこす家では、庭で犬を 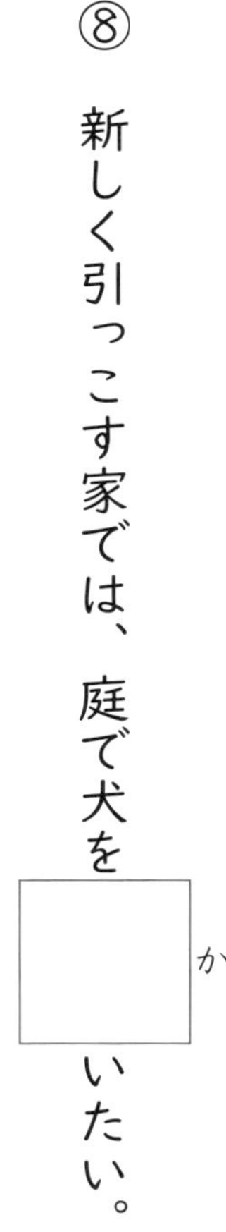（か）いたい。

ヒント ❷ ①・②「ふく」の「衤」を「礻」と書かないように注意しましょう。

夏休みのホームテスト 15。

四月から七月に習った漢字と言葉

1 漢字の読みがなを書きましょう。 16点（一つ2）

①（　　）逆三角形をかく。

②（　　）飼育小屋のそうじ。

③場所を地図で（　　）示す。

④記事の（　　）内容を読む。

⑤（　　）火災報知器を置く。

⑥やさしい（　　）印象を受ける。

⑦（　　）分厚いパンを食べる。

⑧（　　）実際に体験する。

2 あてはまる漢字を書きましょう。 24点（一つ3）

①自力で問題を［と］く。

②二つの記事を［くら］べる。

③仕事を［まか］される。

④［じゅんじょ］よく話す。

⑤［せいど］が高い。

⑥［げんじょう］を伝える。

⑦ビルの［ひじょうぐち］。

⑧［ふくすう］の人に会う。

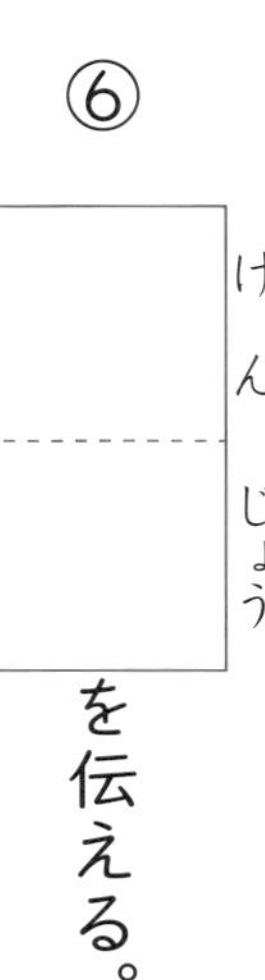
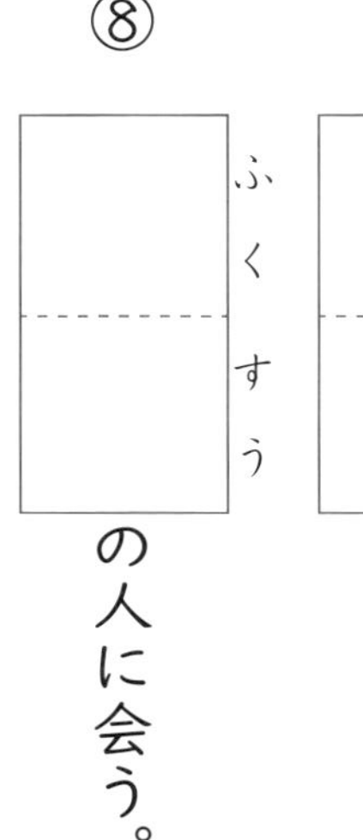

うらのページに続くよ！

3 ■に共通してあてはまる部首を書きましょう。

20点(一つ4)

① ■貫 ■央 □

② ■圣 ■哉 □

③ ■午 ■正 □

④ ■昆 ■成 □

⑤ 士■ 代■ □

4 次の各文から、まちがった漢字を一つずつぬき出し、正しく直した漢字を書きましょう。

16点(完答一つ4)

まちがい→正しい

① 文章の記述や作品の校成が人気の短編集。 □→□

② 歴史の知職をもって質問に対応する。 □→□

③ 金属を加工する技述をもつ人が減少する。 □→□

④ 台風の乗報を適切に流し、ひ害をふせぐ。 □→□

5 次の□に共通してあてはまる漢字を書きましょう。

24点(一つ4)

① 日□・□度・□音 □

② □住・□動・□転 □

③ □実・表□・□出 □

④ 実□・□度・事□ □

⑤ 想□・石□・□画 □

⑥ □料・物□・□金 □

きほんのドリル 16。

大造(だいぞう)じいさんとがん (1)

時間 15分
合かく80点 ／100
サクッとこたえあわせ
答え 100ページ
月　日

教科書 上 90〜109ページ

書いて覚えよう！

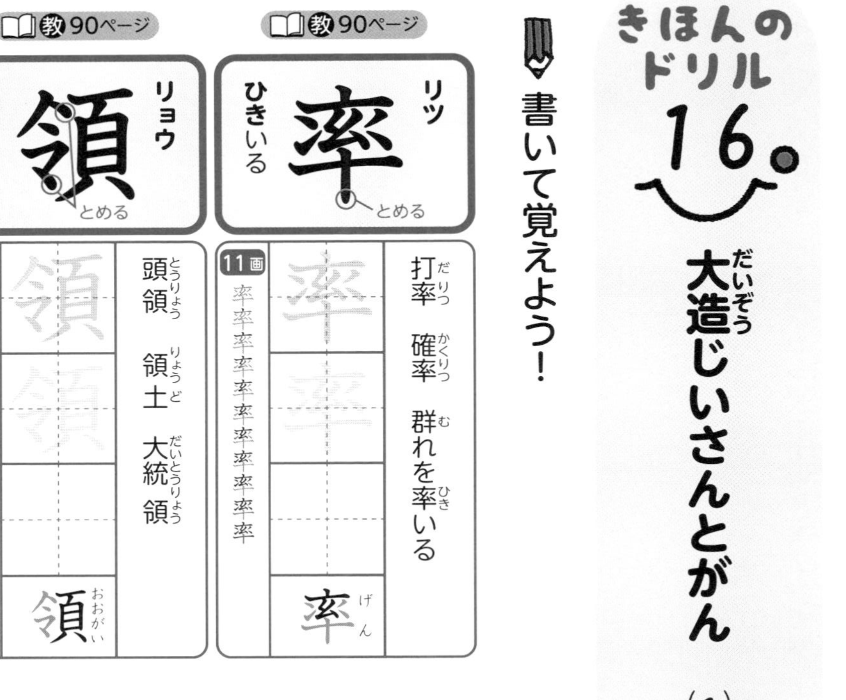

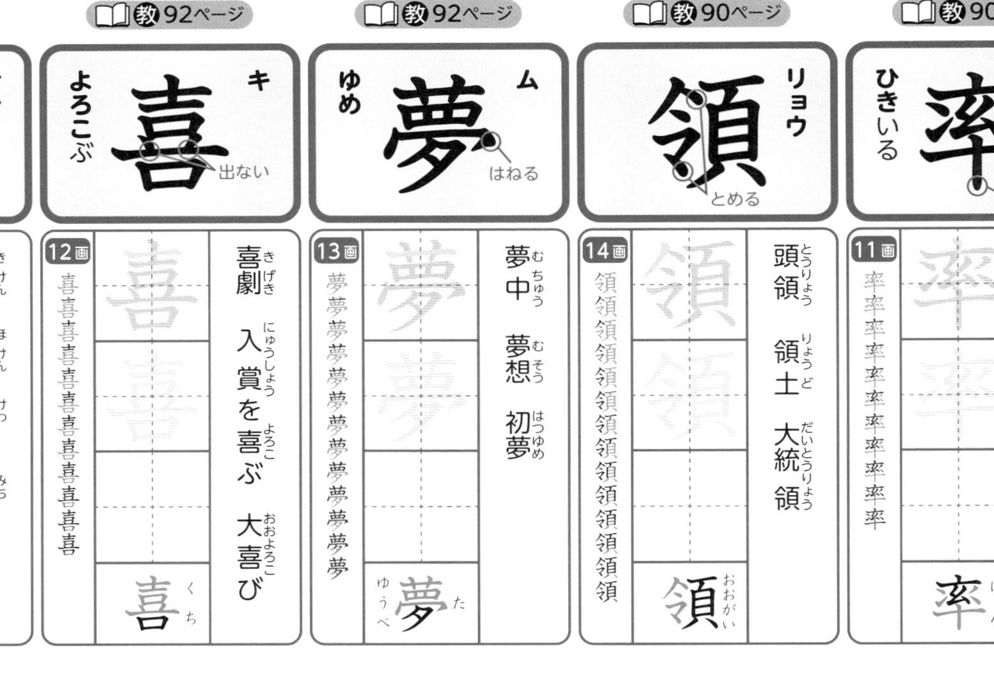

率（教90ページ）
リツ／ひきいる　とめる
11画
打率(だりつ)　確率(かくりつ)　群(む)れを率(ひき)いる
率（げん）

領（教90ページ）
リョウ　とめる
14画
頭領(とうりょう)　領土(りょうど)　大統領(だいとうりょう)
領（おおがい）

夢（教92ページ）
ム／ゆめ　はねる
13画
夢中(むちゅう)　夢想(むそう)　初夢(はつゆめ)
夢（ゆうべ・た）

喜（教92ページ）
キ／よろこぶ　出ない
12画
喜劇(きげき)　入賞(にゅうしょう)を喜(よろこ)ぶ　大喜(おおよろこ)び
喜（くち）

険（教92ページ）
ケン／けわしい　出ない
11画
危険(きけん)　保険(ほけん)　険(けわ)しい道(みち)
険（こざとへん）

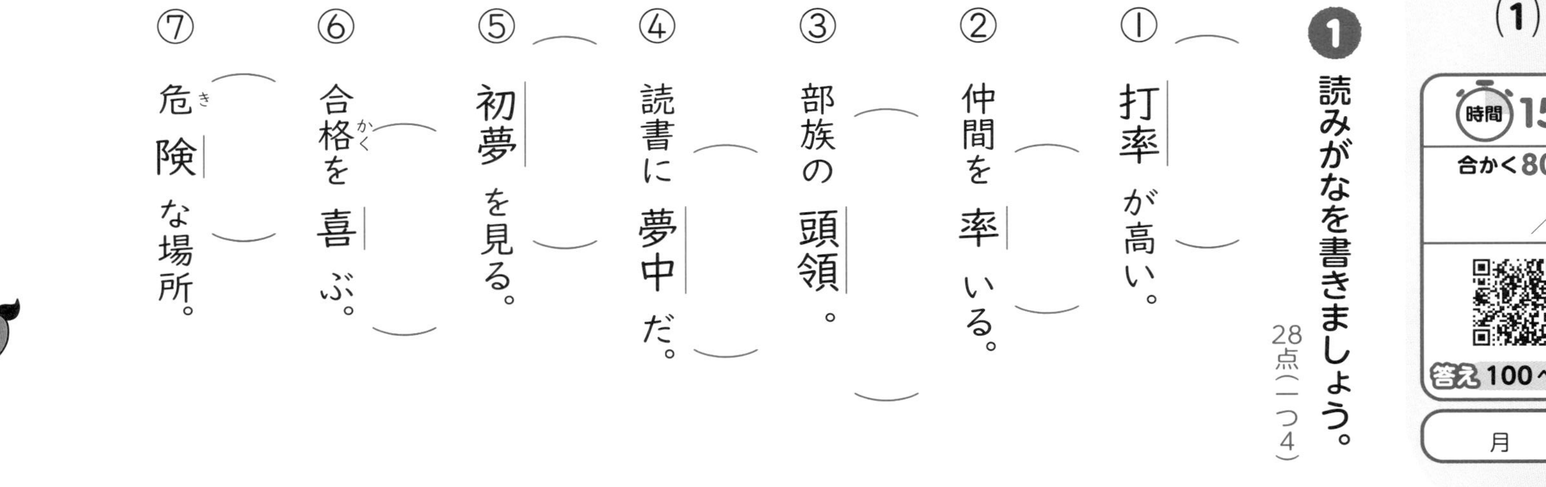

1 読みがなを書きましょう。
28点（一つ4）

① 打率（　　）が高い。
② 仲間を率（　　）いる。
③ 部族の頭領（　　）。
④ 読書に夢中（　　）だ。
⑤ 初夢（　　）を見る。
⑥ 合格(かく)を喜（　　）ぶ。
⑦ 危(き)険（　　）な場所。

← うらのページに続くよ！

2 あてはまる漢字を書きましょう。

72点（一つ9）

① 明日は、午後から晴れる［かくりつ］が高いそうだ。

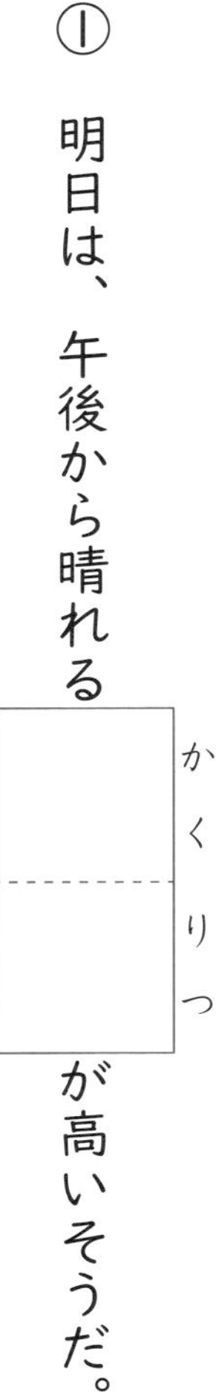

② チームのリーダーが、味方の選手を［ひき］いて入場する。

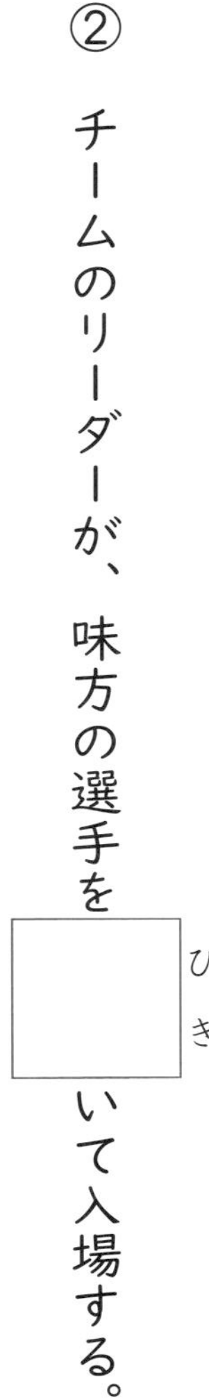

③ 国の［りょうど］をめぐって大きな争いが起こる。

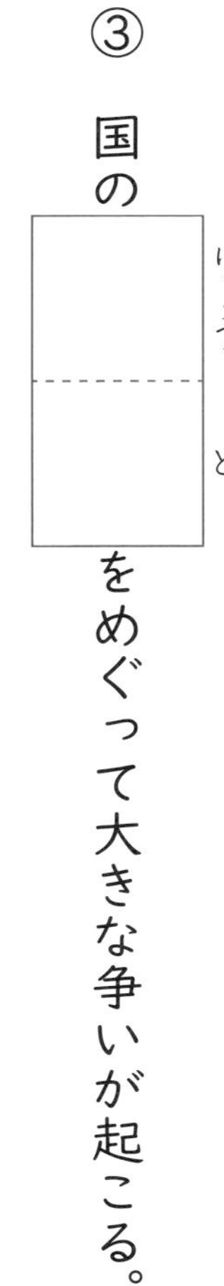

④ 庭のある家で犬を飼っている将来（しょう）を［むそう］する。

⑤ 大きくなったら音楽家になりたいという［ゆめ］を持っている。

⑥ 祖（そ）母からおくり物をもらって［よろこ］ぶ。

⑦ 万が一という時のために保（ほ）［けん］をかける。

⑧ 話を聞いていた先生の表情が、［けわ］しくなる。

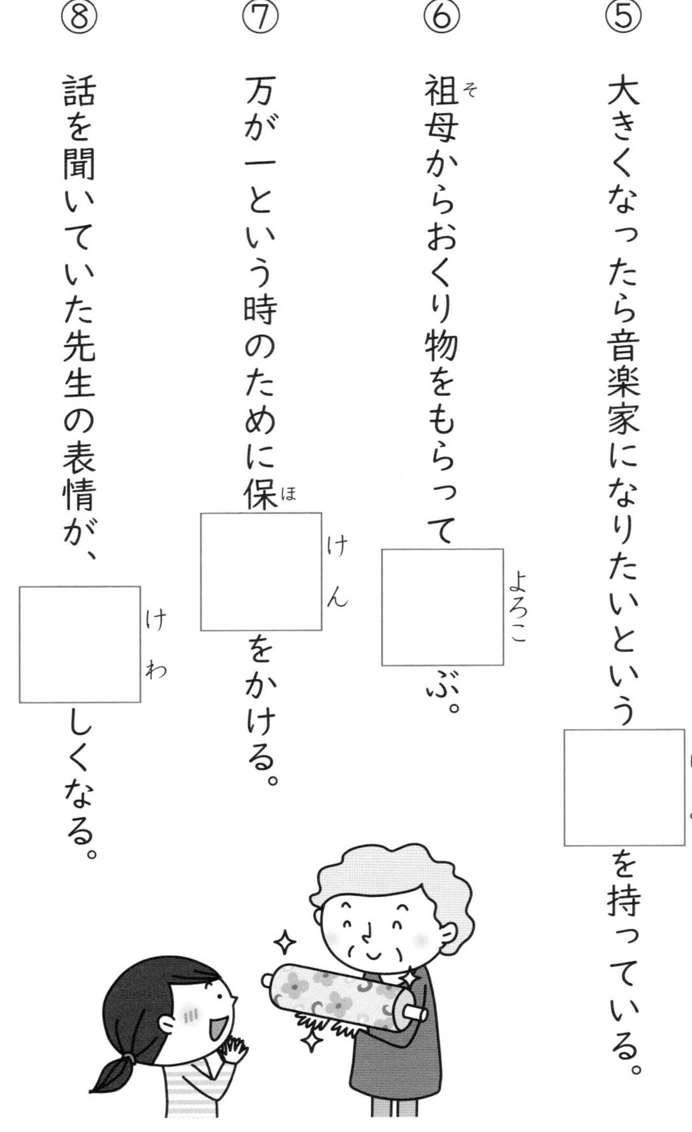

ヒント 2 ⑦・⑧「けん」「けわしい」の「阝」を「馬」と書かないように注意しましょう。

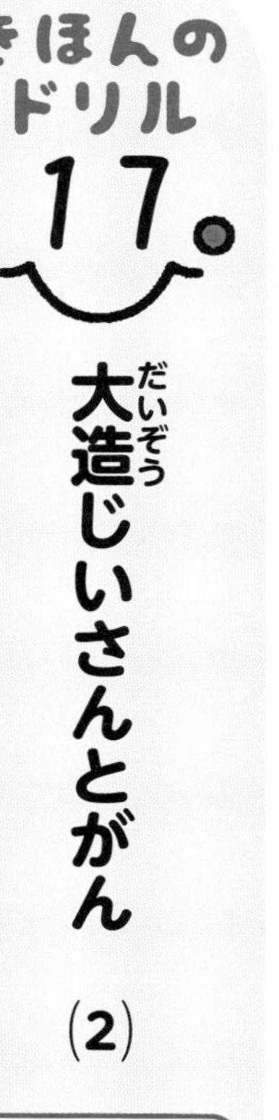

きほんのドリル 17。 大造じいさんとがん (2)

時間 15分
合かく80点　／100
サクッとこたえあわせ
答え 100ページ
月　日

書いて覚えよう！

教93ページ
導（ドウ・みちびく）はねる
15画
指導（しどう）　導入（どうにゅう）　群れを導く（むれをみちびく）
導（すん）

教96ページ
能（ノウ）はねる
10画
本能（ほんのう）　能力（のうりょく）　可能（かのう）
能（にくづき）

教97ページ
略（リャク）「又」としない
11画
計略（けいりゃく）　省略（しょうりゃく）　略す（りゃくす）
略（たへん）

教101ページ
救（キュウ・すくう）はねる
11画
救助（きゅうじょ）　救急車（きゅうきゅうしゃ）　人を救う（ひとをすくう）
救（のぶん・ぼくづくり）

教102ページ
弁（ベン）はらう
5画
花弁（かべん）　弁明（べんめい）　弁当（べんとう）　弁護（べんご）
弁（こまぬき・にじゅうあし）

読んで覚えよう！

●…特別な読み方をする漢字

教98ページ
真っ赤（まっか）

1 読みがなを書きましょう。 20点（一つ4）

① 子どもを 指導 する。（　　）

② 本能 に任せる。（　　）

③ 計略 を練る。（　　）

④ 仲間を 救助 する。（　　）

⑤ 花弁 が落ちる。（　　）

← うらのページに続くよ！

2 あてはまる漢字を書きましょう。（⑧は、漢字とひらがなで書きましょう。） 80点（一つ10）

① 最新の医りょう機器を［どう にゅう］した病院へ行く。

② だれよりも点数を多く取って、チームを勝利へ［みちび］く。

③ くり返し練習を積んで、［のう りょく］を高める。

④ 前に解説した部分は、［しょう りゃく］して話す。

⑤ 事故が起こった現場に［きゅう きゅう しゃ］がかけつけた。

⑥ 大勢の人の命を［すく］った医者をたたえる。

⑦ みんなに事情をわかってもらうために［べん めい］する。

⑧ 姉といっしょに、げん関に［まっか］な花をかざる。

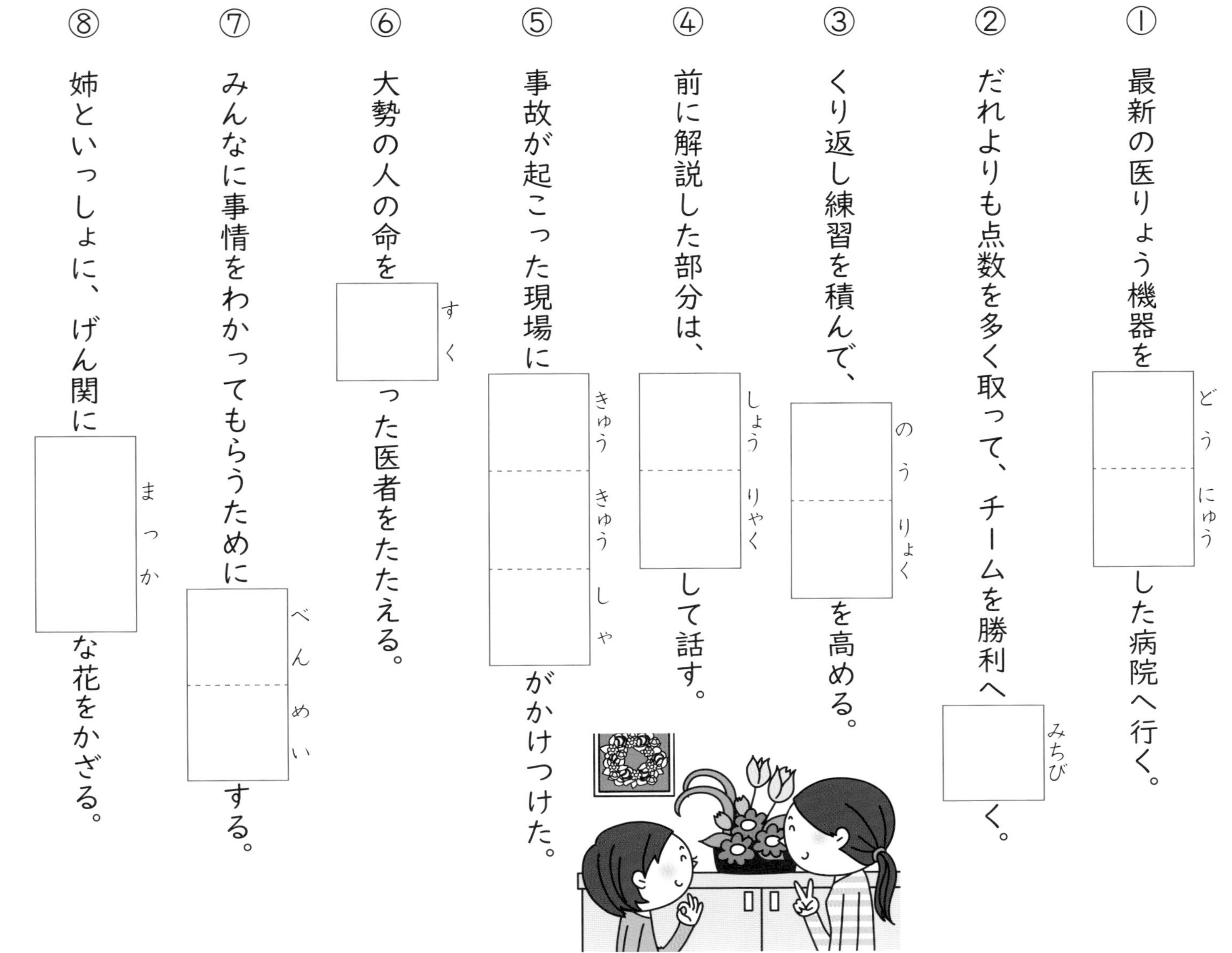

ヒント ❷ ⑦「べんめい」は、「事情などをあきらかにして、相手の理解を求めること」という意味です。

きほんのドリル 18。

大造(だいぞう)じいさんとがん (3)

時間 15分
合かく80点　／100
サクッとこたえあわせ
答え 100ページ
月　日

書いて覚えよう！

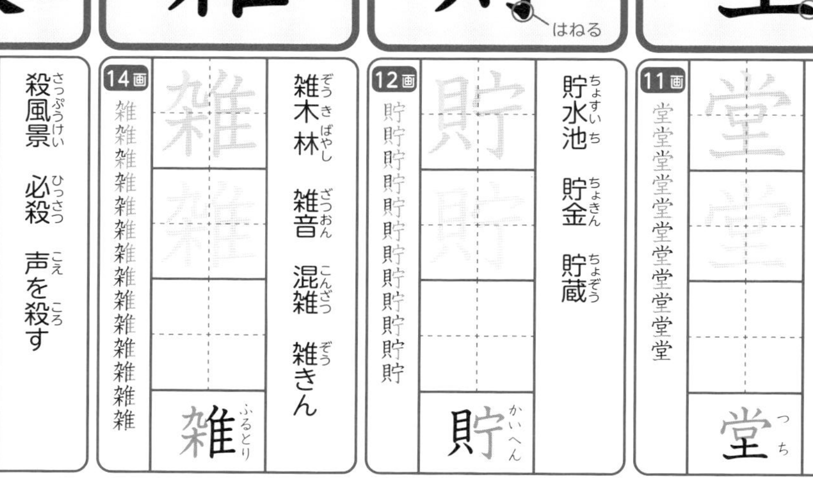

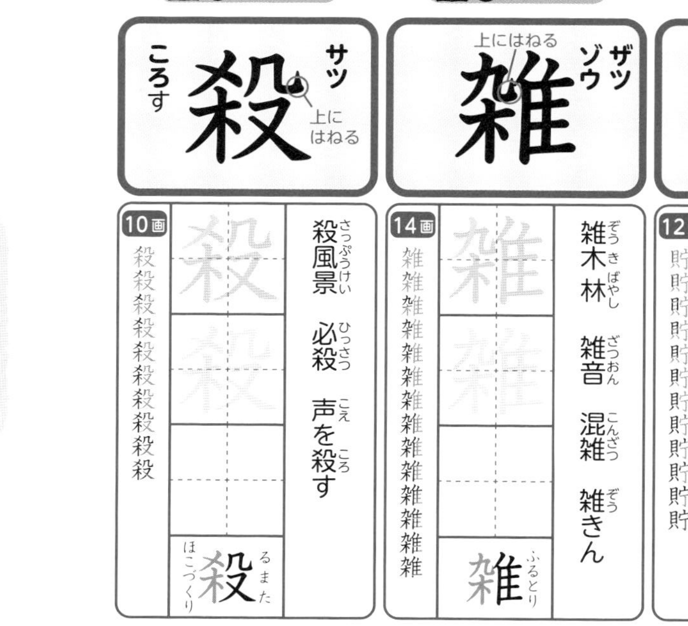

漢字	読み	教科書	画数	筆順	言葉	部首
堂	ドウ	教102ページ	11画	堂堂堂堂堂堂堂堂堂堂堂	堂々(どうどう)　お堂(どう)　講堂(こうどう)	土(つち)
貯	チョ	教108ページ	12画	貯貯貯貯貯貯貯貯貯貯貯貯	貯水池(ちょすいち)　貯金(ちょきん)　貯蔵(ちょぞう)	貝(かいへん)
雑	ザツ　ゾウ	教108ページ	14画	雑雑雑雑雑雑雑雑雑雑雑雑雑雑	雑木林(ぞうきばやし)　雑音(ざつおん)　混雑(こんざつ)　雑(ぞう)きん	隹(ふるとり)
殺	サツ　ころす	教108ページ	10画	殺殺殺殺殺殺殺殺殺殺	殺風景(さっぷうけい)　必殺(ひっさつ)　声(こえ)を殺(ころ)す	殳(るまた・ほこづくり)

堂：長く　貯：はねる　雑：上にはねる　殺：上にはねる

「堂」の「⺌」の形に注意しよう。

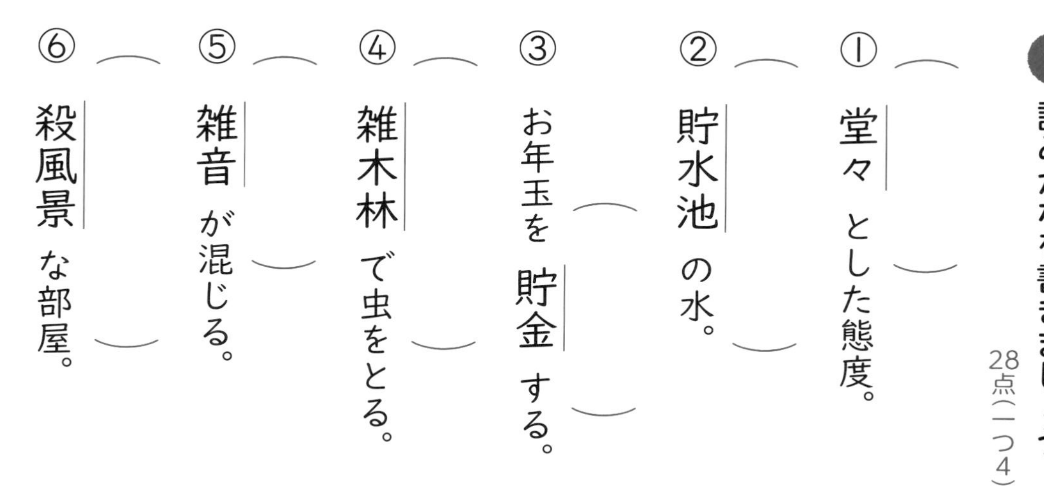

1 読みがなを書きましょう。　28点(一つ4)

① 堂々とした態度。（　　）
② 貯水池の水。（　　）
③ お年玉を貯金する。（　　）
④ 雑木林で虫をとる。（　　）
⑤ 雑音が混じる。（　　）
⑥ 殺風景な部屋。（　　）
⑦ 声をおし殺す。（　　）

← うらのページに続くよ！

教科書 上 90～109ページ

2 あてはまる漢字を書きましょう。

72点（1つ9）

① 地元にある神社のお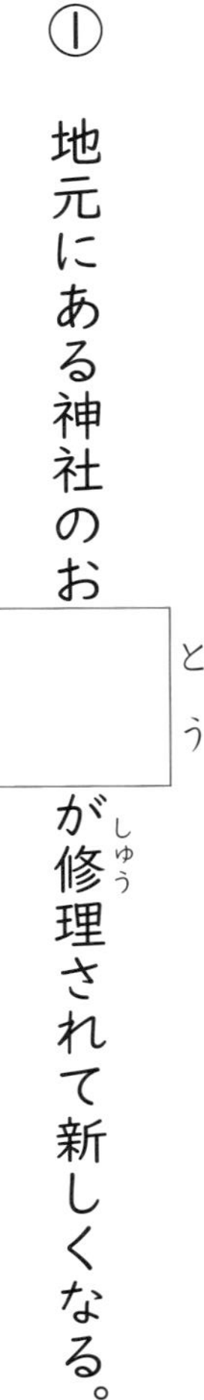（どう）が修（しゅう）理されて新しくなる。

② 来週、兄の大学の講（こう）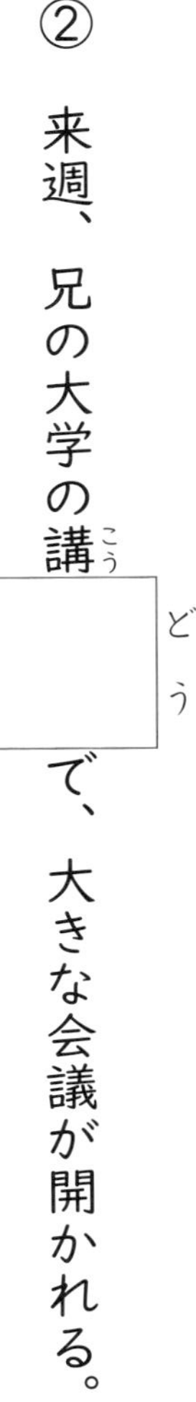（どう）で、大きな会議が開かれる。

③ 倉庫に米を（ちょ）蔵（ぞう）する。

④ この辺りのいけは、人工的につくられた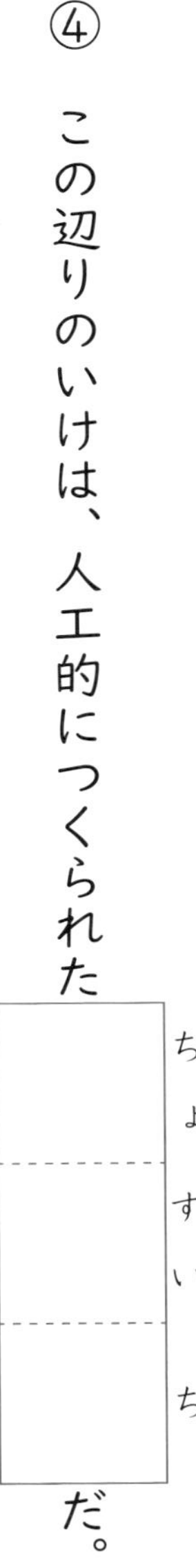（ちょすいち）だ。

⑤ 学生がたくさん乗っているので、バスが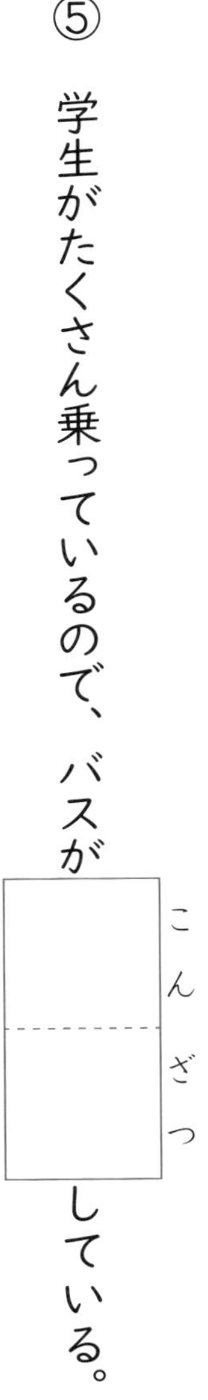（こんざつ）している。

⑥ そうじの時間に、□（ぞう）きんでゆかをふく。

⑦ 空手の試合で、□□（ひっさつ）わざをくり出す。

⑧ 弟は虫も□（ころ）さないような、やさしい人間だ。

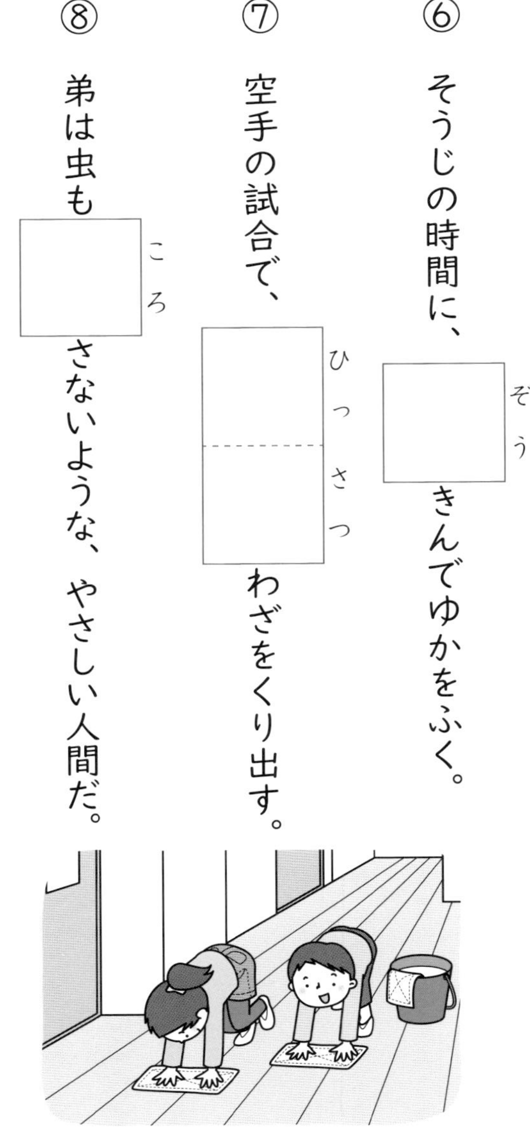

ヒント ② ⑤・⑥「ざつ」「ぞう」の1・2画目の筆順に注意して書きましょう。

きほんのドリル 19. 鳥

時間 15分　合かく80点　／100　サクッとこたえあわせ　答え 101ページ

月　日

書いて覚えよう！

教 110ページ
句　ク
つける
5画　句句句句句
俳句（はいく）　語句（ごく）　文句（もんく）　絶句（ぜっく）　句点（くてん）
句（くち）

教 110ページ
得　トク　える
はねる
11画　得得得得得得得得得得得
得（とく）　得意（とくい）　取得（しゅとく）　体得（たいとく）　心得る（こころえる）
得（ぎょうにんべん）

1 読みがなを書きましょう。 70点（一つ10）

① 俳（はい）句を作る。（　　）

② むずかしい語句。（　　）

③ 句点を打つ。（　　）

④ 得をする。（　　）

⑤ 算数が得意だ。（　　）

⑥ やり方を心得ている。（　　）

⑦ お金を得る。（　　）

「得」は「彳」を「亻」と書かないように注意しましょう。

「お得」というときはこの「得」を使うね。

← うらのページに続くよ！

2 あてはまる漢字を書きましょう。

30点（一つ6）

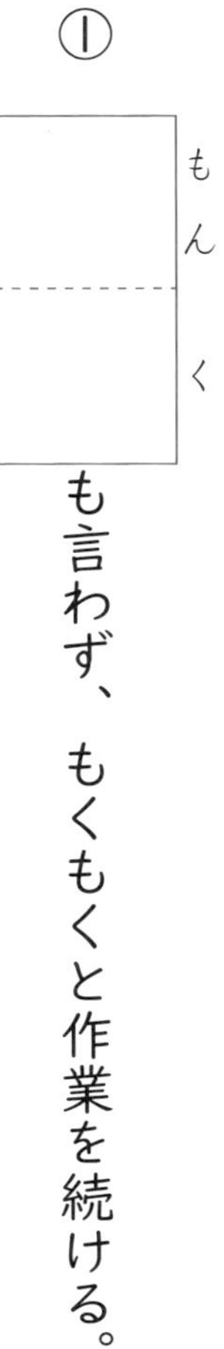

① ［もんく］も言わず、もくもくと作業を続ける。

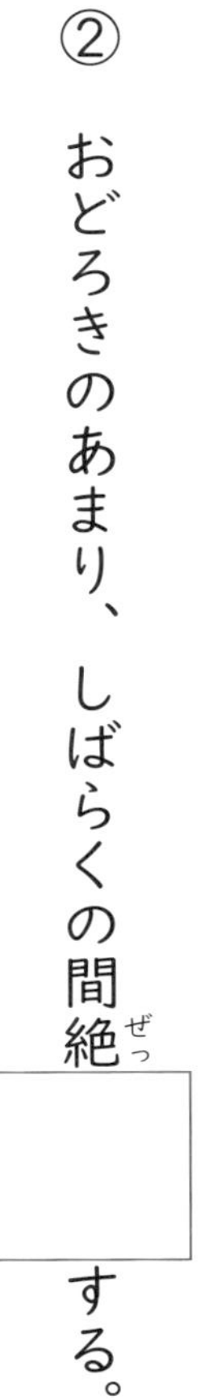

② おどろきのあまり、しばらくの間絶［く］する。

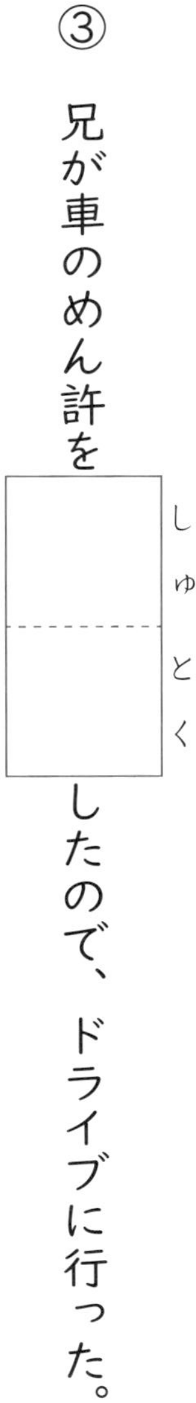

③ 兄が車のめん許を［しゅとく］したので、ドライブに行った。

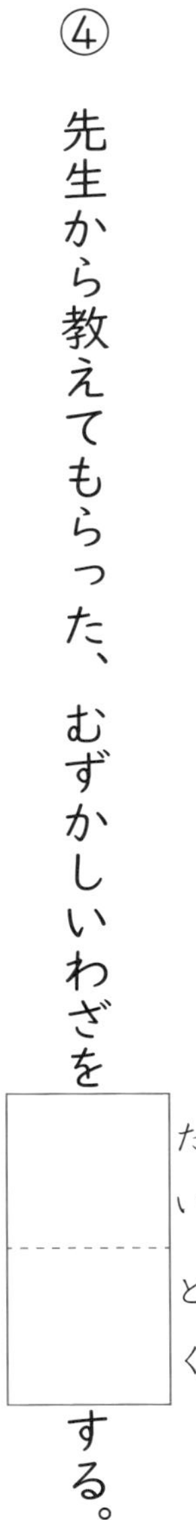

④ 先生から教えてもらった、むずかしいわざを［たいとく］する。

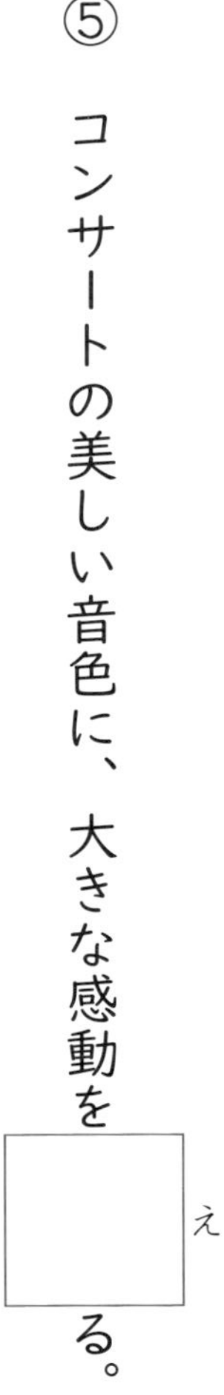

⑤ コンサートの美しい音色に、大きな感動を［え］る。

ヒント ② ③・④「とく」は、「特」とはちがう漢字なので注意しましょう。

きほんのドリル 20

ミニディベート——AI（エーアイ）とのくらし（1）

時間 15分
合かく80点
/100
答え 101ページ
月　日

書いて覚えよう！

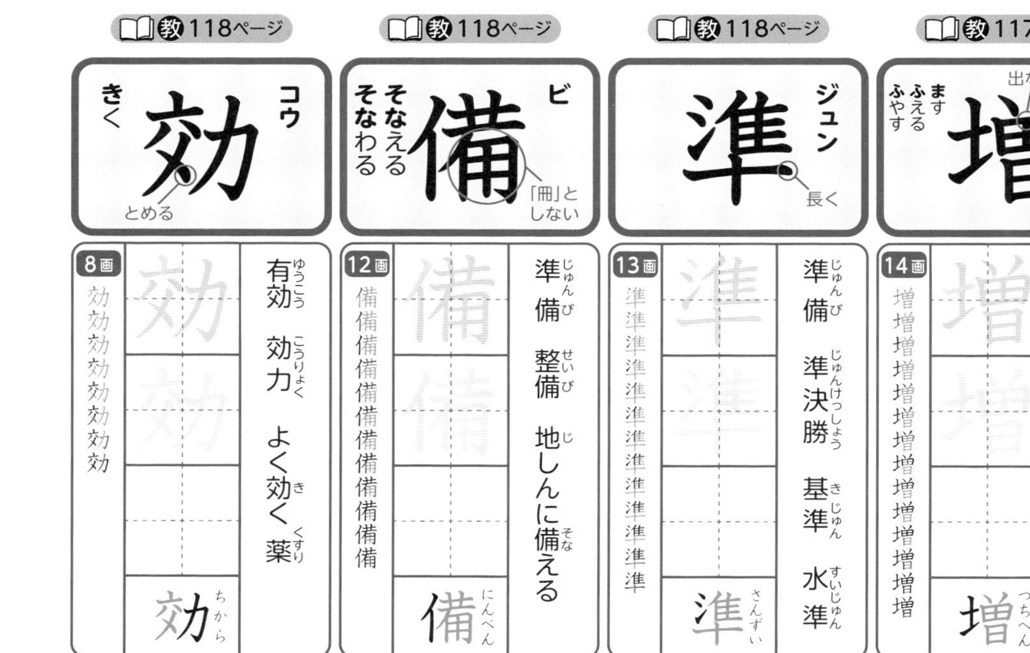

1 読みがなを書きましょう。 28点（一つ4）

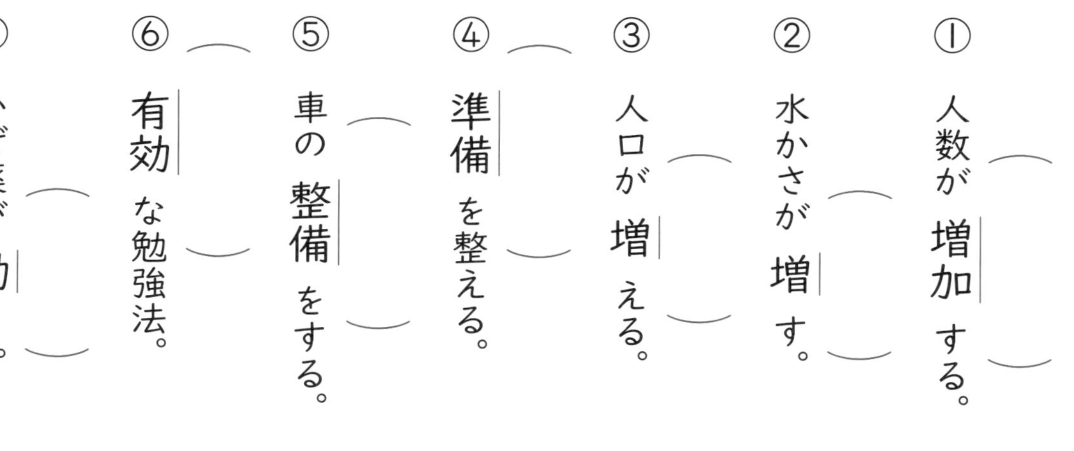

① 人数が 増加（　　） する。

② 水かさが 増（　　） す。

③ 人口が 増（　　） える。

④ 準備（　　） を整える。

⑤ 車の 整備（　　） をする。

⑥ 有効（　　） な勉強法。

⑦ かぜ薬が 効（　　） く。

教科書 上 116〜121ページ

うらのページに続くよ！

❷ あてはまる漢字を書きましょう。

72点（一つ9）

① 台風で川の水量が□（ま）す。

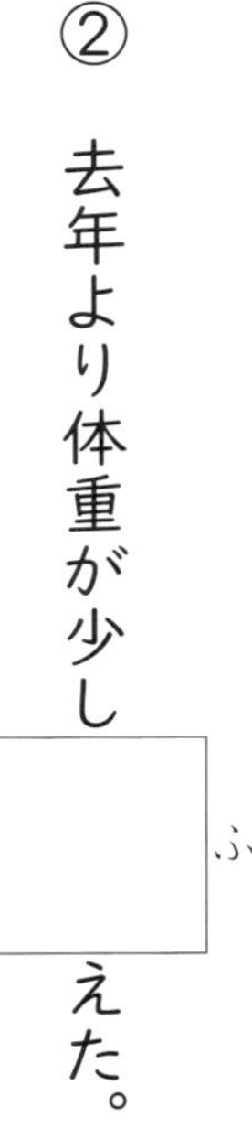

② 去年より体重が少し□（ふ）えた。

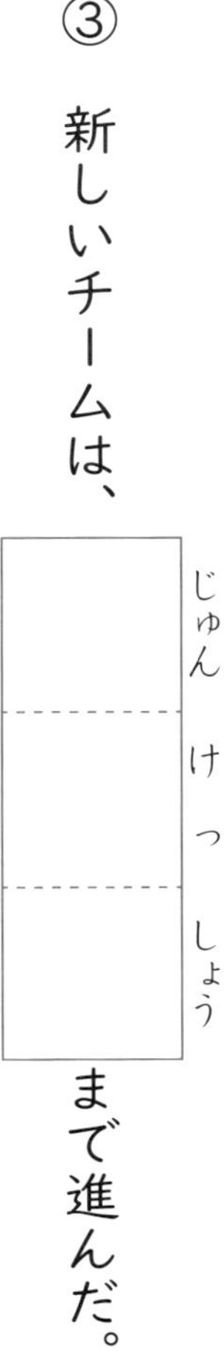

③ 新しいチームは、□□□（じゅんけっしょう）まで進んだ。

④ 自分の中の基（き）□（じゅん）が定まる。

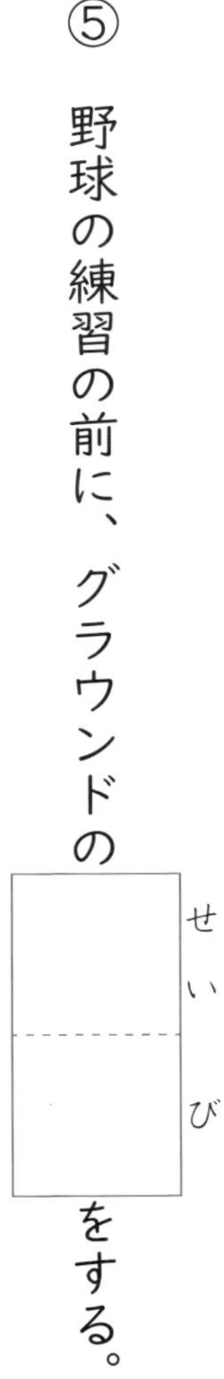

⑤ 野球の練習の前に、グラウンドの□□（せいび）をする。

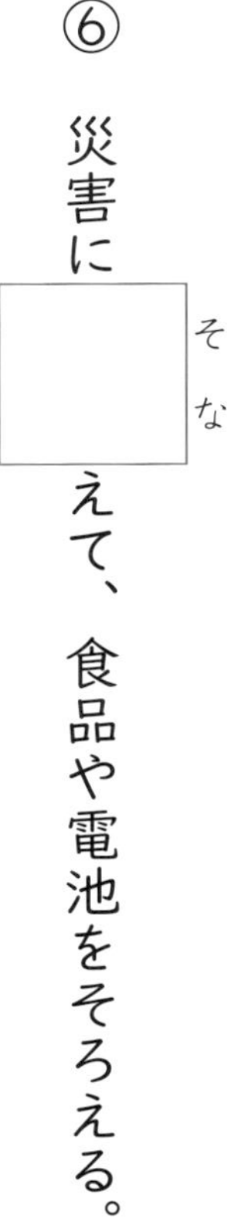

⑥ 災害に□（そな）えて、食品や電池をそろえる。

⑦ 時間がたったので、かぜ薬の□□（こうりょく）が失われた。

⑧ 飲んだ薬の□（き）き目がようやく出てきた。

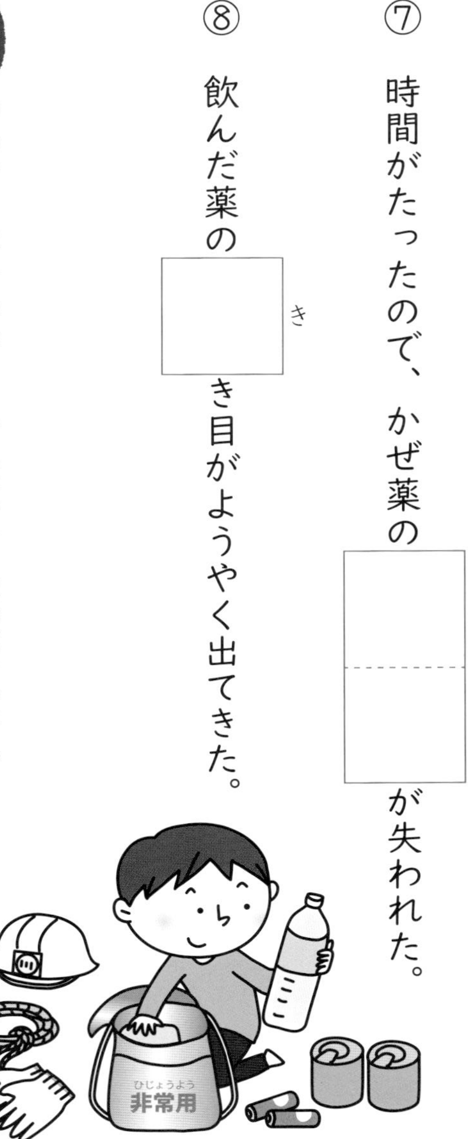

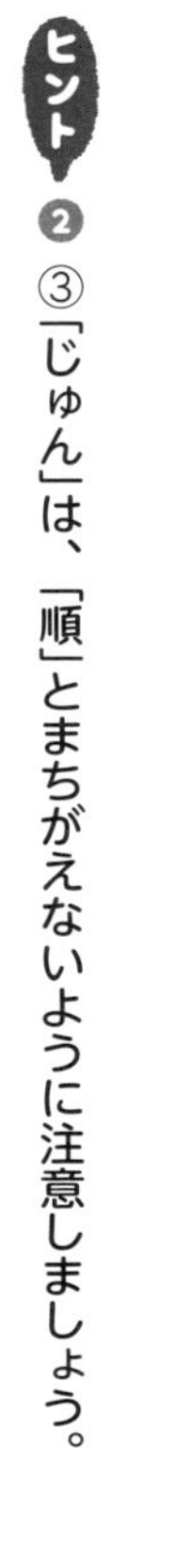

ヒント ❷ ③「じゅん」は、「順」とまちがえないように注意しましょう。

ミニディベート——AI(エーアイ)とのくらし (2)
熟語(じゅく)の構成 (1)

時間 15分
合かく80点
/100
答え101ページ
月　日

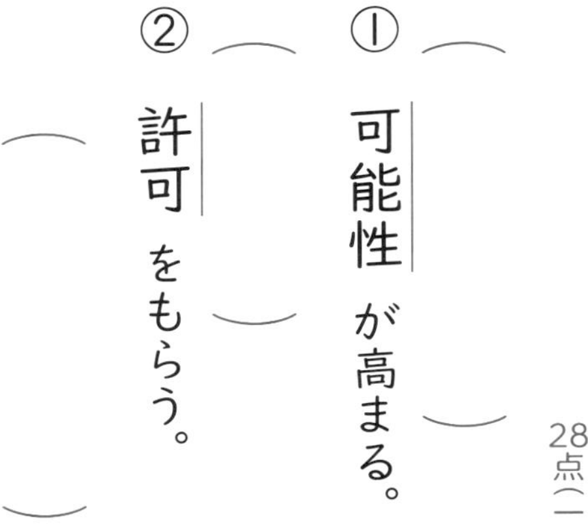

書いて覚えよう!

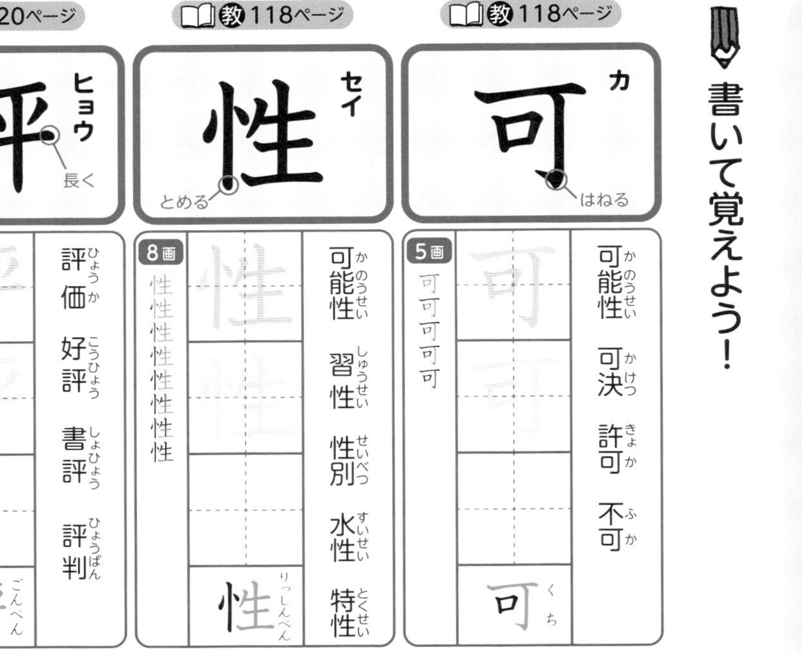

可 カ (教118ページ) 5画 はねる
可能性(かのうせい)　可決(かけつ)　許可(きょか)　不可(ふか)　可(くち)

性 セイ (教118ページ) 8画 とめる
可能性(かのうせい)　習性(しゅうせい)　性別(せいべつ)　水性(すいせい)　特性(とくせい)　性(りっしんべん)

評 ヒョウ (教120ページ) 12画 長く
評価(ひょうか)　好評(こうひょう)　書評(しょひょう)　評判(ひょうばん)　評(ごんべん)

防 ボウ ふせぐ (教122ページ) 7画 たてる
防犯(ぼうはん)　予防(よぼう)　けがを防(ふせ)ぐ　防(こざとへん)

1 読みがなを書きましょう。 28点(一つ4)

① 可能性（　　）が高まる。

② 許可（　　）をもらう。

③ 動物の習性（　　）。

④ 評価（　　）の高い作品。

⑤ 料理が好評（　　）だった。

⑥ 防（　　）犯(はん)ブザーが鳴る。

⑦ けがの悪化を防（　　）ぐ。

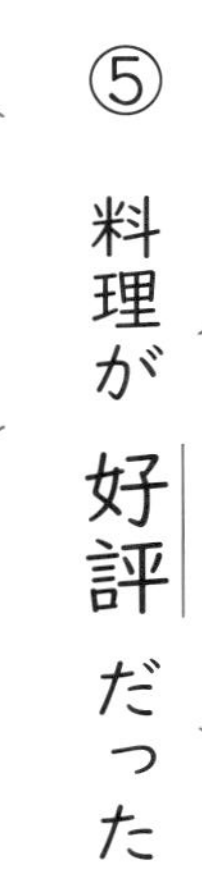

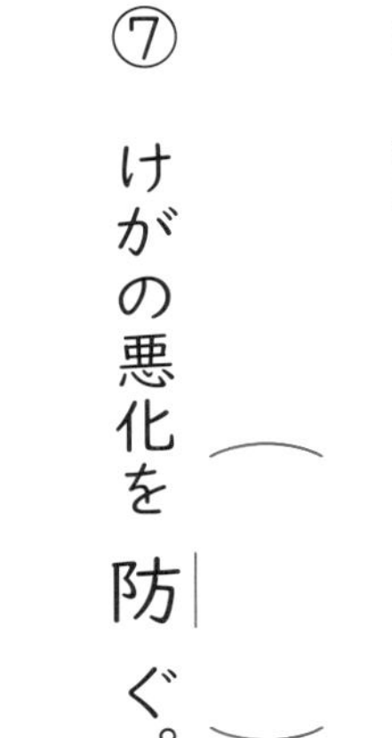

うらのページに続くよ!

教科書 上116〜123ページ

2 あてはまる漢字をかきましょう。

72点（一つ9）

① 会議で提案したことが［かけつ］される。

② ［せいべつ］を見分けるのがむずかしい生物。

③ ［すいせい］のボールペンでかいた字がにじむ。

④ 動物の［とくせい］を学ぶ。

⑤ この料理は、家族にも［ひょう］判がよい。

⑥ 有名人の［しょひょう］を読んで本を買う。

⑦ インフルエンザを［よぼう］するためのワクチンを打つ。

⑧ 厚着をしてかぜを［ふせ］ぐ。

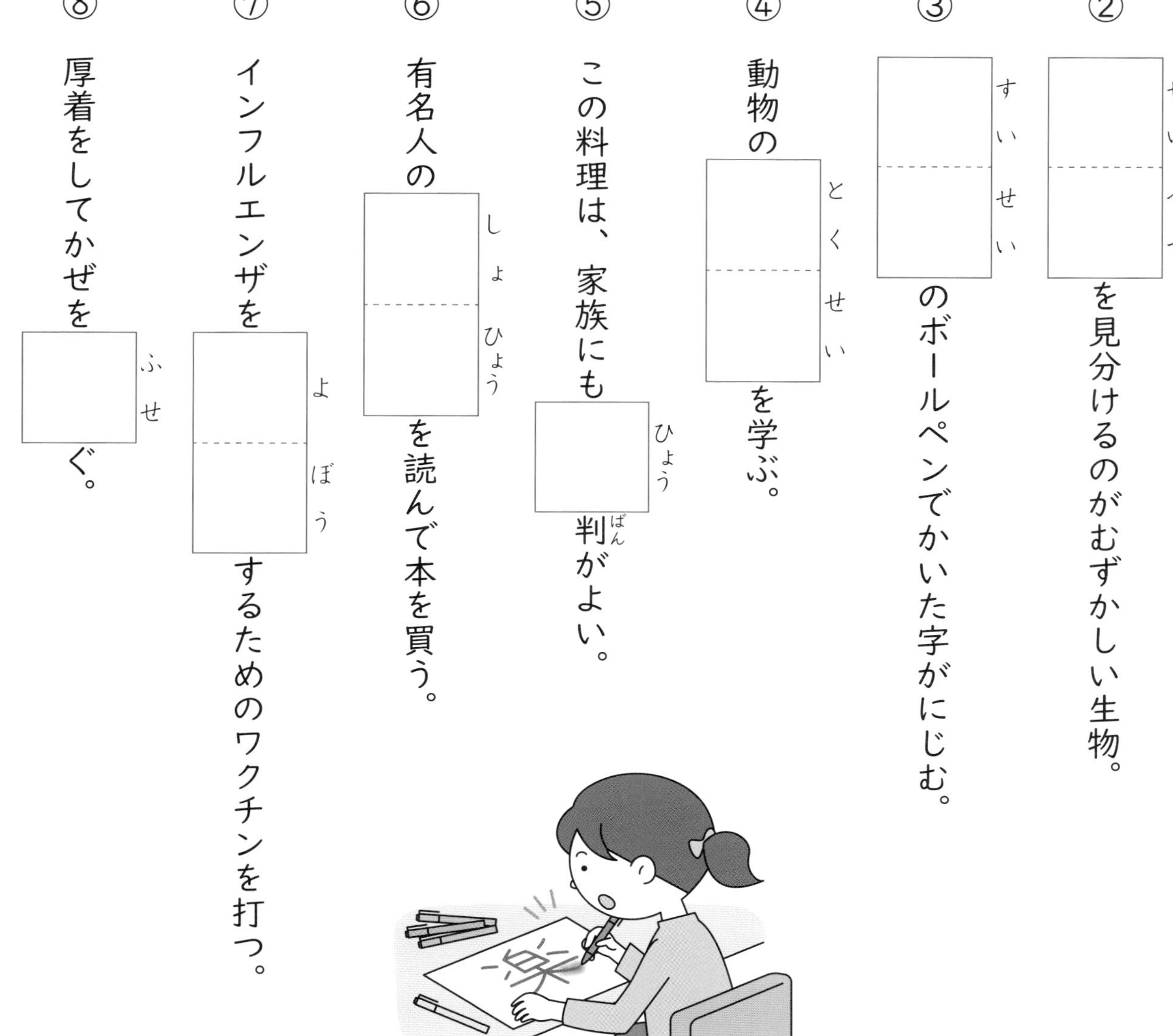

ヒント 2 ⑥「しょひょう」は、本の内容をしょうかいしたりひょうかしたりする文章のことです。

きほんのドリル 22。

熟語の構成 (2)

書いて覚えよう！

漢字	読み	教科書	画数	書き順	部首	用例
犯（出る）	ハン	教122ページ	5画	犯犯犯犯犯	けものへん	防犯（ぼうはん）　犯人（はんにん）　犯罪（はんざい）　犯行（はんこう）
罪（「四」にしない）	ザイ　つみ	教122ページ	13画	罪罪罪罪罪罪罪罪罪罪罪罪罪	あみがしら・あみめ	犯罪（はんざい）　無罪（むざい）　罪（つみ）をみとめる
営（大きく）	エイ　いとなむ	教123ページ	12画	営営営営営営営営営営営営	つかんむり	国営（こくえい）　市営（しえい）　店（みせ）を営（いとな）む
造（出ない）	ゾウ　つくる	教123ページ	10画	造造造造造造造造造造	しんにょう・しんにゅう	人造（じんぞう）　造船（ぞうせん）　建物（たてもの）を造（つく）る
修（とめる）	シュウ　おさめる　おさまる	教123ページ	10画	修修修修修修修修修修	にんべん	修飾（しゅうしょく）　修理（しゅうり）　よい成績（せいせき）を修（おさ）める

1 読みがなを書きましょう。 28点（一つ4）

① 防犯（　　　）カメラを見る。

② 犯人（　　　）をさがす。

③ 犯罪（　　　）を許さない。

④ 国営（　　　）の美術館。

⑤ 人造（　　　）の宝（ほう）石。

⑥ 船を造（　　　）る。

⑦ 修（　　　）飾（しょく）語を習う。

うらのページに続くよ！

2 あてはまる漢字を書きましょう。

72点（一つ9）

① 警察（けい）が、だれによる［はんこう］かを調べる。

② 長い年月がたってから、ようやく［むざい］がみとめられた。

③ ［つみ］を他人に着せるようなことはしない。

④ 電車に乗って、［しえい］の宿へ向かう。

⑤ 父は地元で、先代から続く商店を［いとな］んでいる。

⑥ ここはタンカーの［ぞうせん］所だ。

⑦ いろいろな花や草木を植えて、広い庭園を［つく］る。

⑧ こわれた自転車を［しゅうり］する。

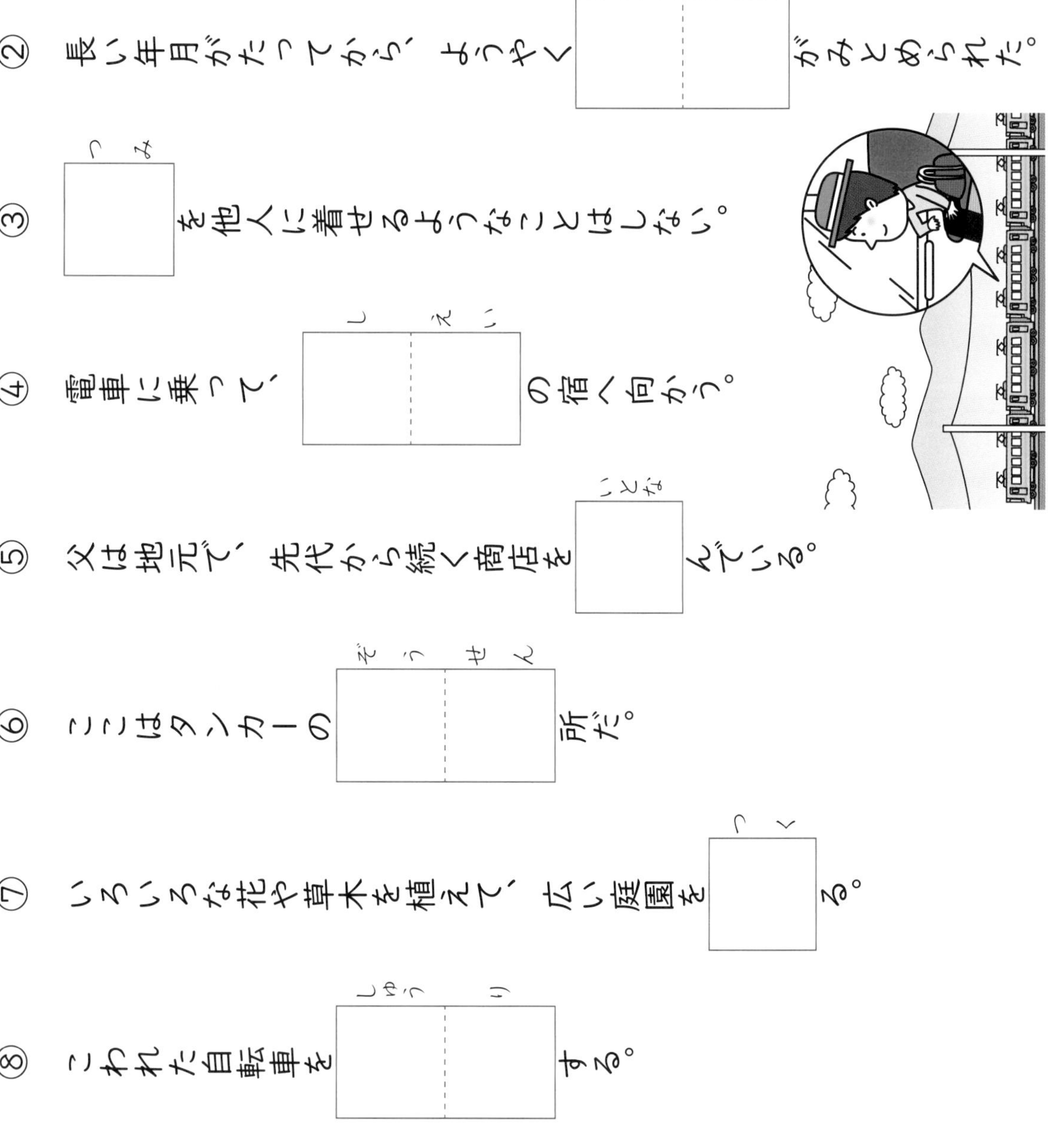

ヒント 2 ⑦「つくる」は、「作」とはちがう字を書きましょう。

熟語（じゅく）の構成 (3)

時間15分　合かく80点　／100　月　日

答え101ページ
サクッとこたえあわせ

書いて覚えよう！

教123ページ
仮　かり　カ　（はらう）
6画　仮仮仮仮仮仮
仮題（かだい）　仮面（かめん）　仮説（かせつ）　仮の名前（かりのなまえ）
にんべん

教123ページ
耕　たがやす　コウ　（とめる）
10画　耕耕耕耕耕耕耕耕耕耕
耕具（こうぐ）　耕作（こうさく）　田畑を耕す（たはたをたがやす）
らいすきへん

教123ページ
綿　わた　メン　（はねる）
14画　綿綿綿綿綿綿綿綿綿綿綿綿綿綿
綿布（めんぷ）　綿花（めんか）　綿毛（わたげ）　綿あめ（わたあめ）
いとへん

教123ページ
布　ぬの　フ　（はなす）
5画　布布布布布
綿布（めんぷ）　毛布（もうふ）　布とん　布きれ（ぬのきれ）
はば

教123ページ
損　ソン　（「月」としない）
13画　損損損損損損損損損損損損損
損得（そんとく）　損害（そんがい）　損失（そんしつ）　破損（はそん）
てへん

1 読みがなを書きましょう。　28点（一つ4）

① 仮題（　）が発表される。
② 耕具（　）を使う。
③ 土を耕（　）す。
④ 綿布（　）を買う。
⑤ 毛布（　）をかける。
⑥ 布（　）きれでふく。
⑦ 損得（　）を考える。

うらのページに続くよ！

2 あてはまる漢字を書きましょう。

72点（一つ9）

① 姉が立てた［かせつ］について、みんなで話し合う。

② ［かり］の住まいに引っこす。

③ あれた土地を、機械を使って［たがや］す。

④ この地方では［めんか］のさいばいがさかんだ。

⑤ ［わた］あめを食べて幸せな気持ちになる。

⑥ ［ふ］とんにくるまって、ぐっすりとねむる。

⑦ シカに農作物をあらされて、大きな［そんがい］が出る。

⑧ 商品が売れないと、会社の［そんしつ］が大きくなる。

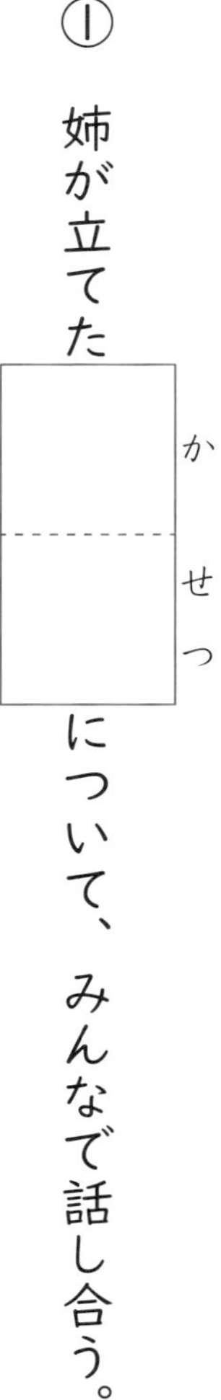

ヒント ２ ③「たがやす」の「すきへん」の横ぼうの数に注意しましょう。

きほんのドリル 24

熟語の構成 (4)

時間 15分　合かく80点　／100

サクッとこたえあわせ　答え101ページ

月　日

書いて覚えよう！

教123ページ　豊（ホウ／ゆたか）　長く

13画　豊豊豊豊豊豊豊豊豊豊豊豊豊

豊富（ほうふ）　豊作（ほうさく）　豊か（ゆたか）な自然（しぜん）

豊（まめ）

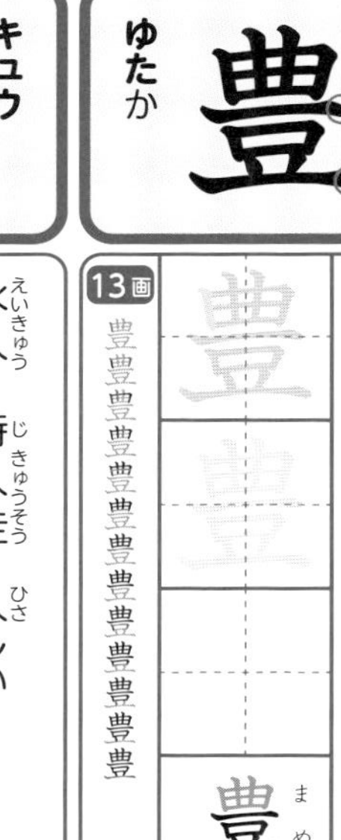

教123ページ　久（キュウ／ひさしい）　はらう

3画　久久久

永久（えいきゅう）　持久走（じきゅうそう）　久しい（ひさしい）

久（の）（はらいぼう）

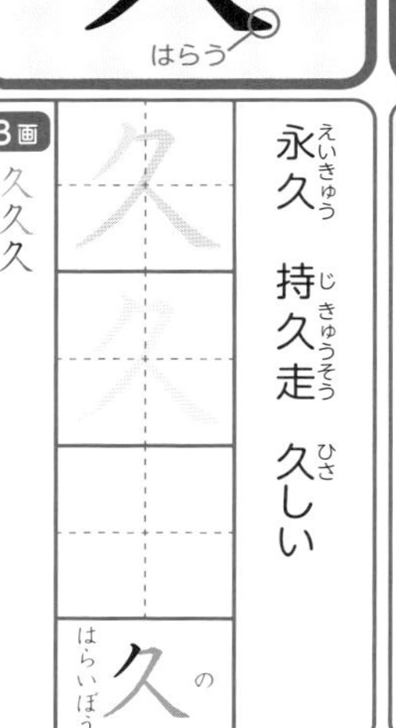

教123ページ　毒（ドク）　出る

8画　毒毒毒毒毒毒毒毒

消毒（しょうどく）　中毒（ちゅうどく）　有毒（ゆうどく）　毒薬（どくやく）

毒（なかれ）

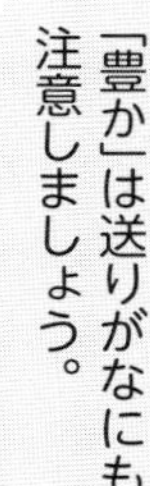

「豊か」は送りがなにも注意しましょう。

読んで覚えよう！

●…特別な読み方をする漢字

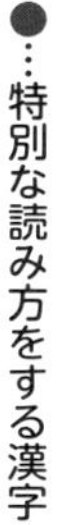

教127ページ　果物（くだもの）

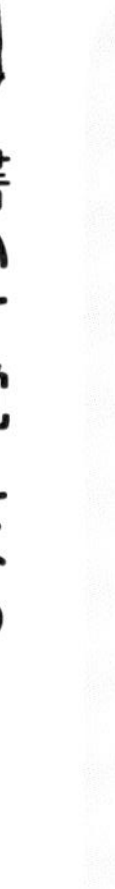

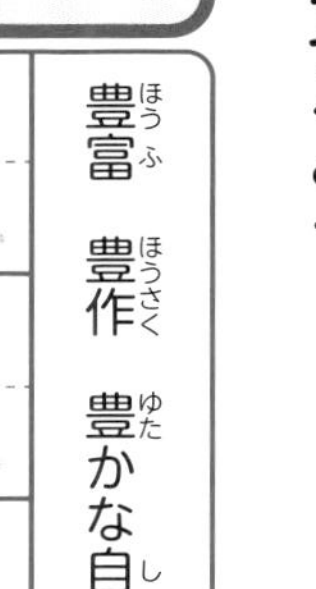

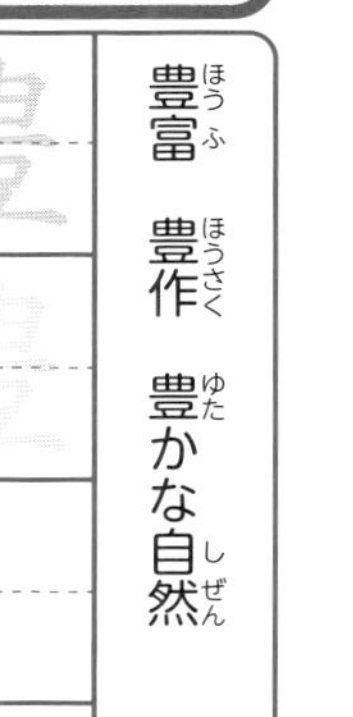

1 読みがなを書きましょう。　36点（一つ6）

① 豊富（　　）な経験。

② 表現が豊（　　）かだ。

③ 永久（　　）に続く。

④ 別れて久（　　）しい。

⑤ 消毒（　　）する。

⑥ 中毒（　　）になる。

← うらのページに続くよ！

教科書 上 122～123ページ

2 あてはまる漢字を書きましょう。

64点（一つ8）

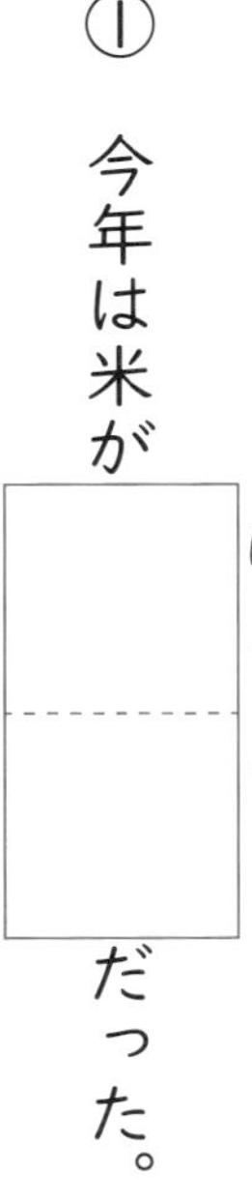

① 今年は米が［ほうさく］だった。

② 小説家や詩人にはみな、［ゆた］かな表現力がある。

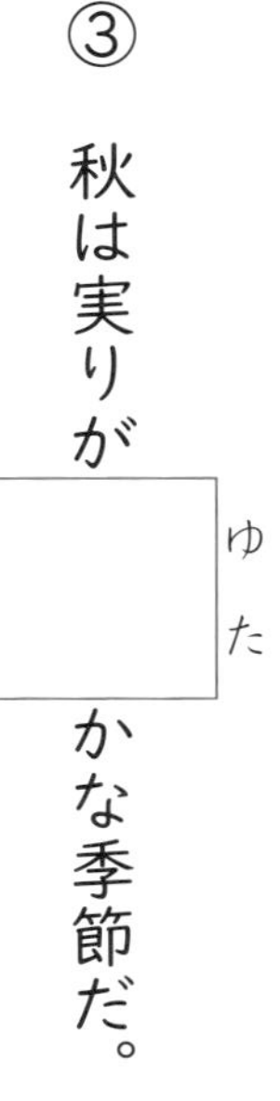

③ 秋は実りが［ゆた］かな季節だ。

④ 毎日のトレーニングのおかげで、［じきゅうそう］は得意だ。

⑤ ［ひさ］しぶりに動ぶつ園に行く。

⑥ そのクラゲは［ゆうどく］だから、近づかないほうがいい。

⑦ ［どくやく］は危険だから、あつかってはいけない。

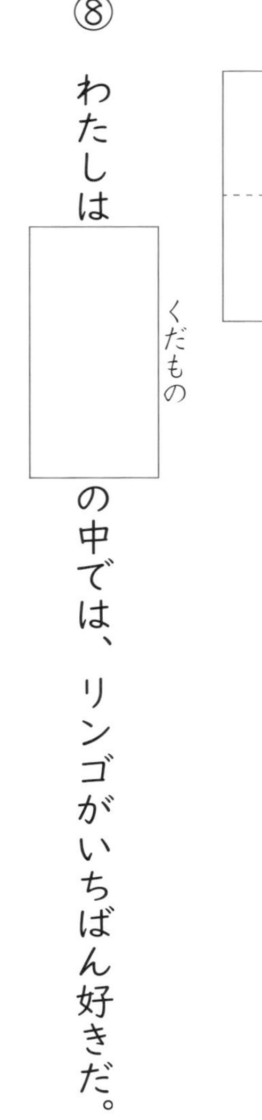

⑧ わたしは［くだもの］の中では、リンゴがいちばん好きだ。

ヒント ２ ⑥・⑦「どく」の「毒」を「母」と書かないように注意しましょう。

まとめのドリル 25 大造（だいぞう）じいさんとがん〜熟語（じゅくご）の構成

1 漢字の読みがなを書きましょう。　48点（一つ4）

① 仲間を 救（　　）うために全力をつくす。

② 選手の 打率（　　）を計算する。

③ 先生の助言が、実験を成功へと 導（　　）く。

④ 家から学校までの 略図（　　）をかく。

⑤ 天気がよいので、近くの公園に 弁当（　　）を持って出かける。

⑥ 赤ちゃんを起こさないように息を 殺（　　）す。

⑦ わたしは、俳（はい）句（　　）をよむのが 得意（　　）だ。

⑧ それぞれの 能力（　　）を生かして、堂々（　　）と戦う。

⑨ 険（　　）しい道の先に、夢（　　）のような風景が広がっていた。

教科書 上90〜123ページ

うらのページに続くよ！

2 あてはまる漢字を書きましょう。〔　〕には漢字とひらがなを書きましょう。

52点（一つ4）

① 〔ゆたか〕な未来のためには□□（ちょきん）も必要だ。

② ケーキを□（ざつ）に切り分ける。

③ 遊園地で□□（むちゅう）になって遊ぶ。

④ 好きな人と両思いの□□□（かのうせい）が高い。

⑤ 明日は早いので、ねる前に持ち物の□□（じゅんび）をする。

⑥ 警（けい）察官になって、□□（はんざい）を〔ふせぎ〕たい。

⑦ おじの〔いとなむ〕店の品が□□（ひょうか）される。

⑧ □（ひさ）しぶりにおばから手紙がとどいて〔よろこぶ〕。

⑨ 家族に□□□□（しゅうがくりょこう）のおみやげをわたす。

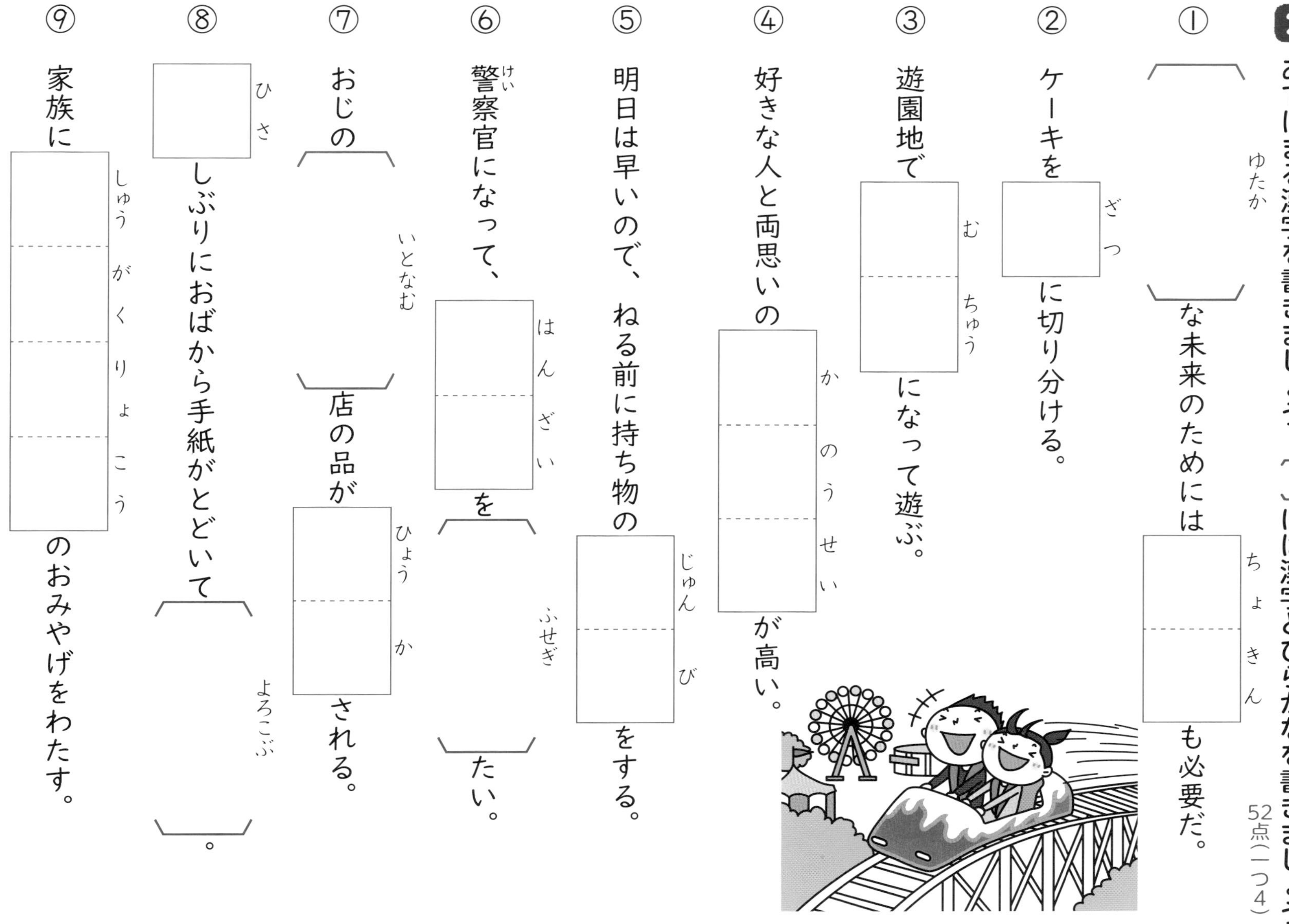

きほんのドリル 26。

世界遺産（せかいいさん）　白神山地（しらかみさんち）からの提言
——意見文を書こう (1)

時間 15分　合かく80点　／100

答え 101ページ

月　日

書いて覚えよう！

漢字	読み	ページ	画数	筆順	部首	言葉	注意
提	テイ	教8ページ	12画	提提提提提提提提提提提提	扌（てへん）	提言（ていげん）　提案（ていあん）　提示（ていじ）　提出（ていしゅつ）	はねる
支	シ　ささえる	教8ページ	4画	支支支支	支（し）	支店（してん）　支持（しじ）　一家（いっか）を支（ささ）える	はなす
採	サイ　とる	教9ページ	11画	採採採採採採採採採採採	扌（てへん）	伐採（ばっさい）　採用（さいよう）　採点（さいてん）　虫（むし）を採（と）る	「釆」としない
保	ホ　たもつ	教10ページ	9画	保保保保保保保保保	亻（にんべん）	保護運動（ほごうんどう）　保管（ほかん）　安全（あんぜん）を保（たも）つ	とめる
護	ゴ	教10ページ	20画	護護護護護護護護護護護護護護護護護護護護	言（ごんべん）	保護運動（ほごうんどう）　介護（かいご）　救護（きゅうご）　養護（ようご）	「夂」ではない

1 読みがなを書きましょう。
28点（一つ4）

① 提言をする。（　　）

② 東京の支店。（　　）

③ 家族を支える。（　　）

④ 森林の伐（ばっ）採。（　　）

⑤ クワガタを採る。（　　）

⑥ 動物の保護運動。（　　）

⑦ 祖（そ）母の介（かい）護。（　　）

← うらのページに続くよ！

教科書 下8～21ページ

❷ あてはまる漢字を書きましょう。

72てん（1つ9）

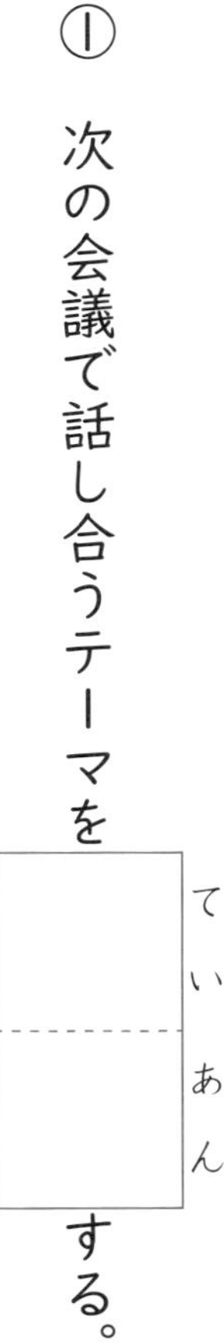
① 次の会議で話し合うテーマを［てい あん］する。

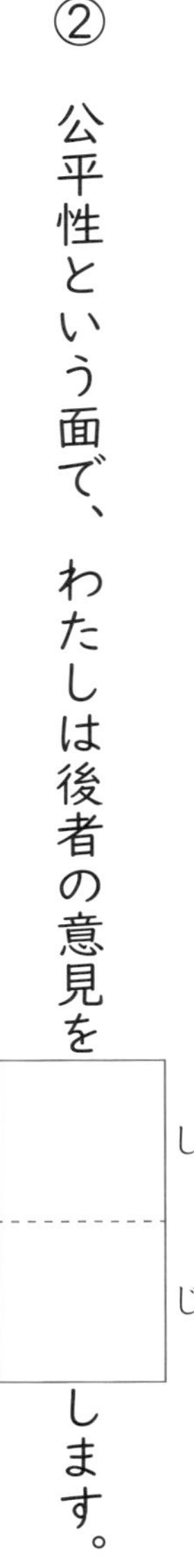
② 公平性という面で、わたしは後者の意見を［し じ］します。

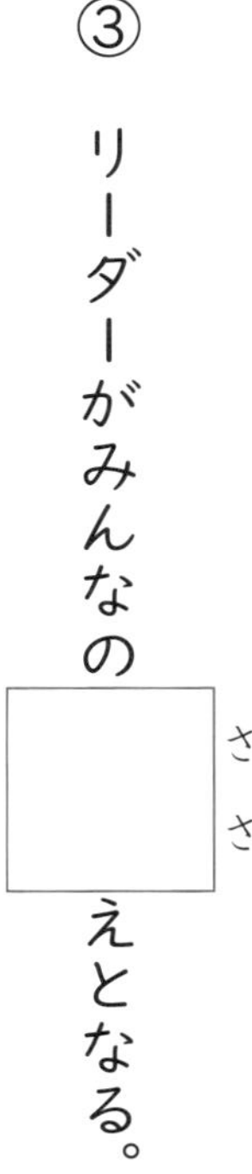
③ リーダーがみんなの［さ さ］えとなる。

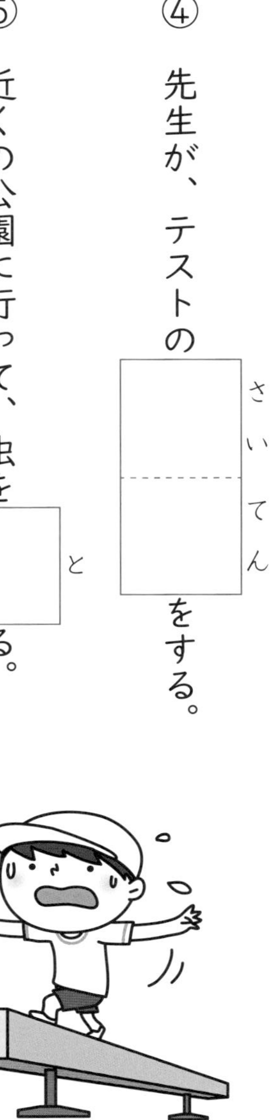
④ 先生が、テストの［さい てん］をする。

⑤ 近くの公園に行って、虫を［と］る。

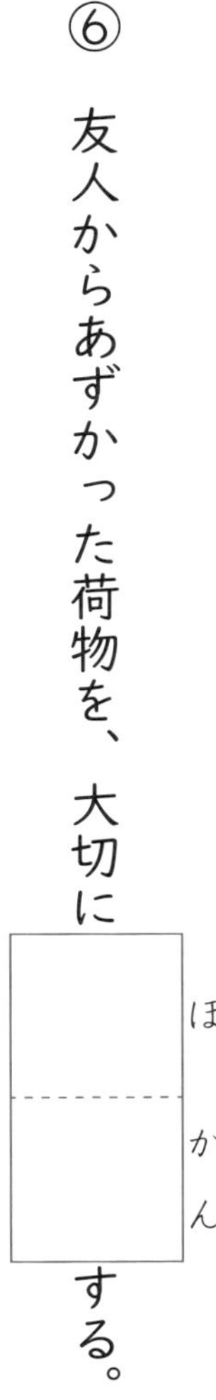
⑥ 友人からあずかった荷物を、大切に［ほ かん］する。

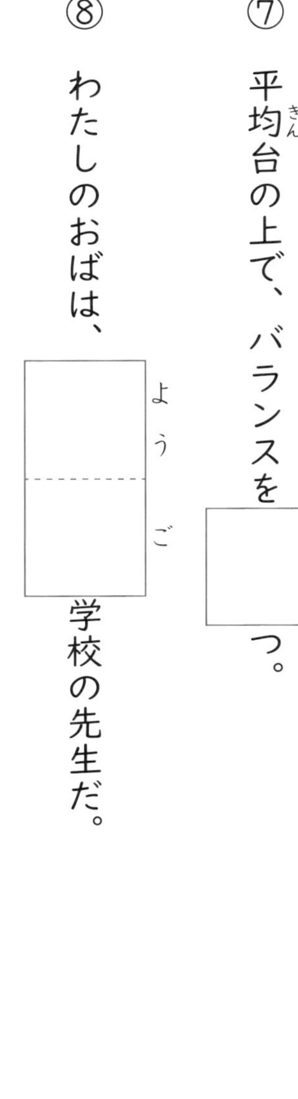
⑦ 平均（きん）台の上で、バランスを［た も］つ。

⑧ わたしのおばは、［よう ご］学校の先生だ。

ヒント ❷⑤「とる」は、「取る」とはちがう字を書きましょう。

きほんのドリル 27

世界遺産(いさん) 白神山地(しらかみさんち)からの提言
――意見文を書こう (2)

時間 15分
合かく80点
/100
答え 101ページ
サクッとこたえあわせ
月 日

書いて覚えよう！

漢字	読み	教科書	画数	言葉	部首
河	カ・かわ	10ページ	8画	河口(かこう)　銀河(ぎんが)　広い河(かわ)	さんずい
基	キ	12ページ	11画	基本(きほん)　基調(きちょう)　基準(きじゅん)　基地(きち)	つち
規	キ	12ページ	11画	規制(きせい)　規約(きやく)　定規(じょうぎ)　規則(きそく)	みる
制	セイ	12ページ	8画	規制(きせい)　制度(せいど)　制服(せいふく)　制限(せいげん)	りっとう
設	セツ・もうける	13ページ	11画	施設(しせつ)　建設(けんせつ)　設置(せっち)　広場(ひろば)を設(もう)ける	ごんべん

（河：はねる　基：長く　規：上にはねる　制：とめる　設：上にはねる）

1 読みがなを書きましょう。 28点(一つ4)

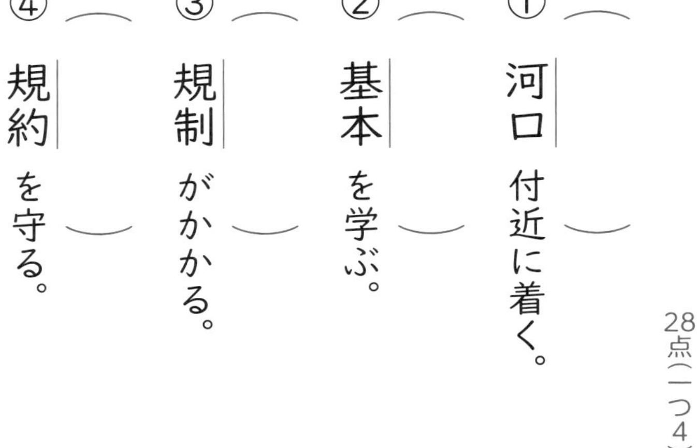

① 河口（　　）付近に着く。

② 基本（　　）を学ぶ。

③ 規制（　　）がかかる。

④ 規約（　　）を守る。

⑤ 国の制度（　　）。

⑥ 市の施(し)設（　　）。

⑦ ルールを設（　　）ける。

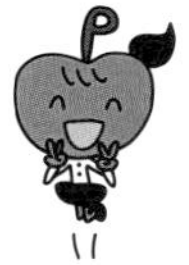

うらのページに続くよ！

❷ あてはまる漢字を書きましょう。

72点(一つ9)

① 地球は、[ぎんが]系(けい)の星の一つだ。

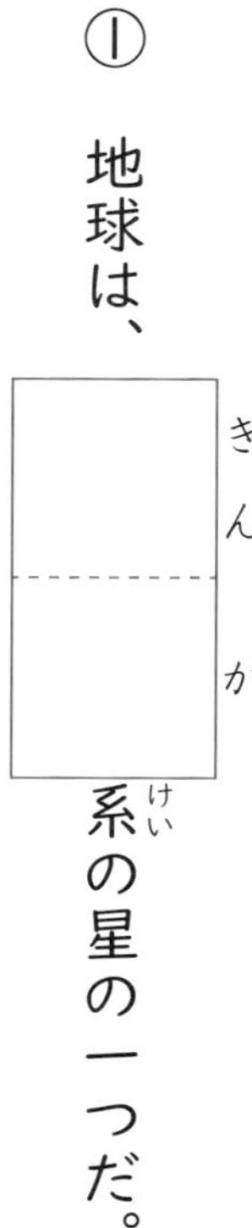

② 祖(そ)母の家の近くには、大きな[かわ]が南北に流れている。

③ この野菜は、安全の[きじゅん]を満たしている。

④ ノートに[じょうぎ]でまっすぐな線を引く。

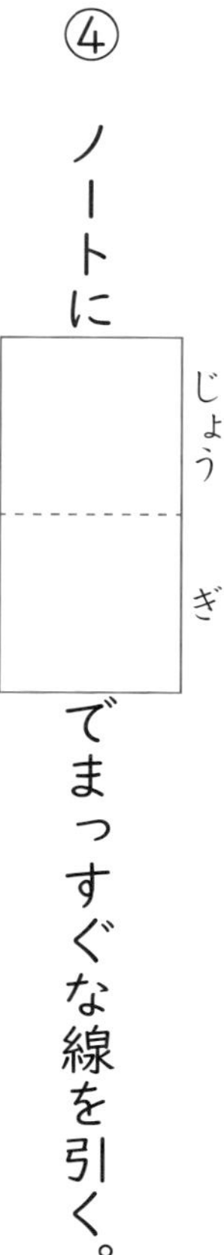

⑤ 学校の[き]則(そく)を守る。

⑥ 中学生になって[せいふく]を着るのが楽しみだ。

⑦ 学校に消火器が[せっち]される。

⑧ 卒業式で、保護者の席を[もう]ける。

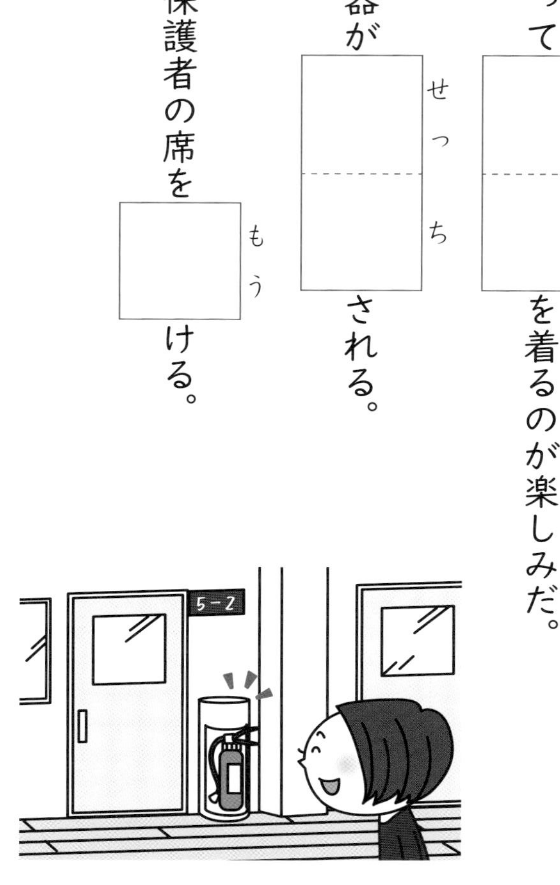

ヒント ❷ ②「かわ」は、「川」とはちがう字を書きましょう。

きほんのドリル 28。

世界遺産　白神山地からの提言 ——意見文を書こう (3)

時間 15分　合かく80点　/100

答え 101ページ

月　日

書いて覚えよう！

限（教13ページ）ゲン　かぎる　「ㅂ」としない　9画
限限限限限限限限限
最小限（さいしょうげん）　期限（きげん）　限界（げんかい）　今日（きょう）に限（かぎ）る
限（こざとへん）

条（教13ページ）ジョウ　とめる　7画
条条条条条条条
条件（じょうけん）　条約（じょうやく）　条文（じょうぶん）　条例（じょうれい）
条（き）

件（教13ページ）ケン　出る　6画
件件件件件件
条件（じょうけん）　事件（じけん）　件数（けんすう）　用件（ようけん）
件（にんべん）

接（教13ページ）セツ　はねる　11画
接接接接接接接接接接接
直接（ちょくせつ）　接近（せっきん）　接続（せつぞく）　接（せっ）する
接（てへん）

張（教20ページ）チョウ　はる　はねる　11画
張張張張張張張張張張張
主張（しゅちょう）　出張（しゅっちょう）　氷（こおり）が張（は）る
張（ゆみへん）

1 読みがなを書きましょう。　28点（一つ4）

① 最小限（　　）の力。

② 子どもに限（　　）る。

③ 条件（　　）を加える。

④ 電話の件数（　　）。

⑤ 直接（　　）話をする。

⑥ 無罪を主張（　　）する。

⑦ ふろに水を張（　　）る。

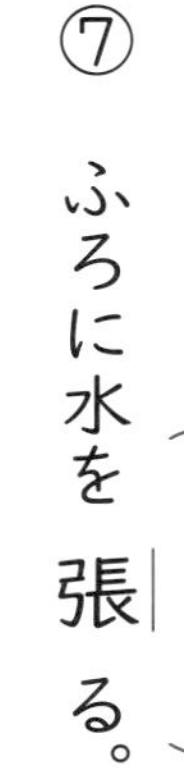

「件」は「牛」を「午」と書かないように注意しましょう。

うらのページに続くよ！

教科書 下8〜21ページ

2 あてはまる漢字を書きましょう。

72点(一つ9)

① 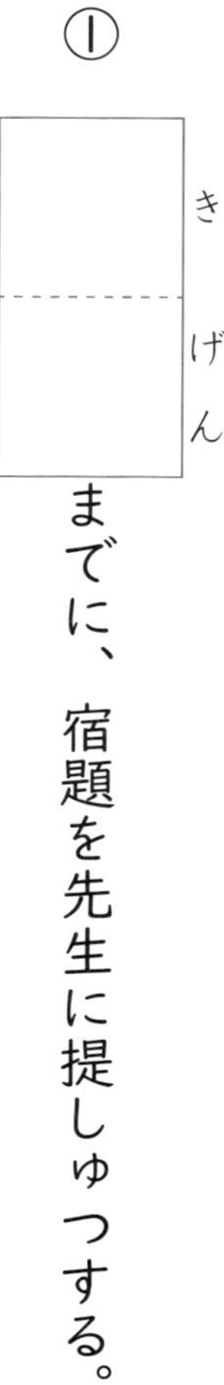（きげん）までに、宿題を先生に提しゅつする。

② □（かぎ）りのことをする。みんなで協力して、できる□（かぎ）りのことをする。

③ となりの国との間で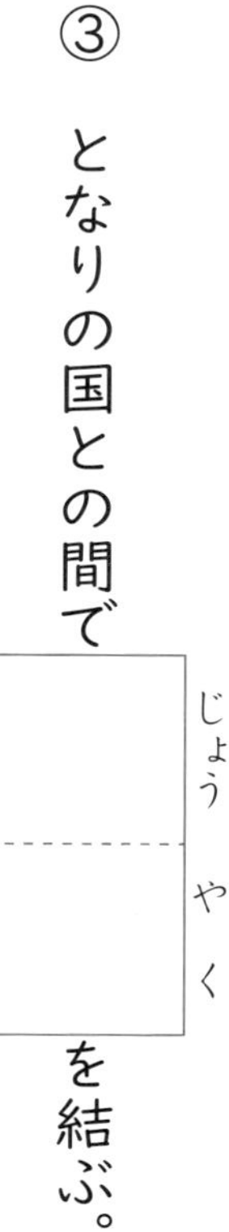（じょうやく）を結ぶ。

④ 旅行中に、思いもよらない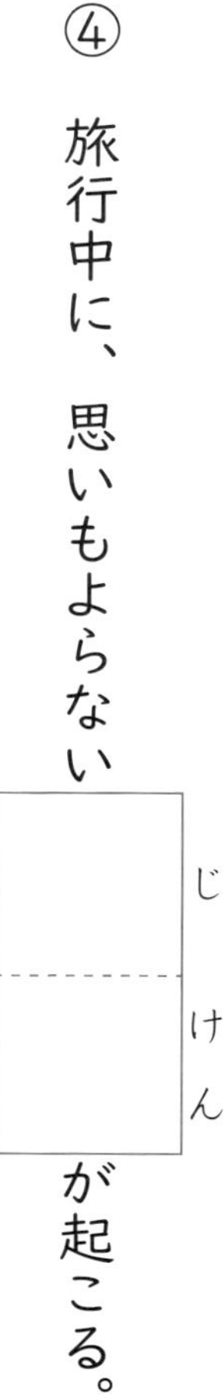（じけん）が起こる。

⑤ テレビのコードが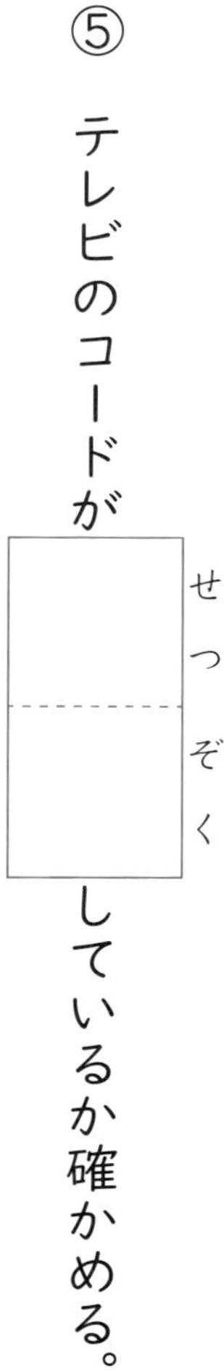（せつぞく）しているか確かめる。

⑥ 祖（そ）母は、だれにでもやさしく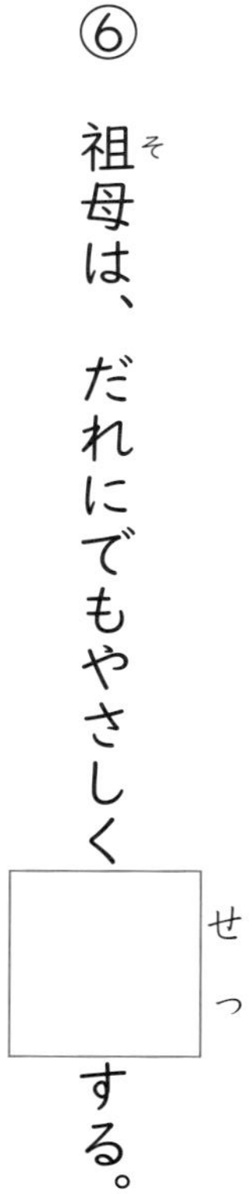（せっ）する。

⑦ 父が、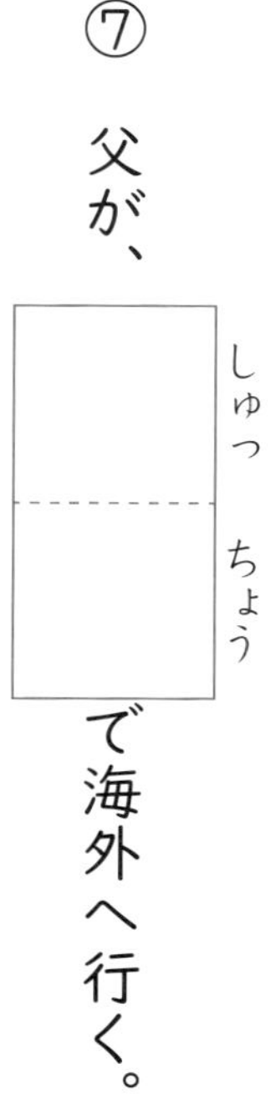（しゅっちょう）で海外へ行く。

⑧ キャンプに行って、テントを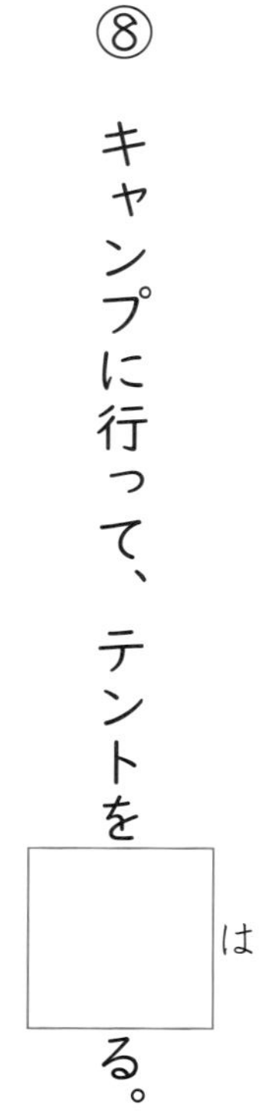（は）る。

ヒント ❷ ④「けん」の6画目は、上につき出して書きましょう。

きほんのドリル 29。

「古典」を楽しむ かなづかいで気をつけること（1）

書いて覚えよう！

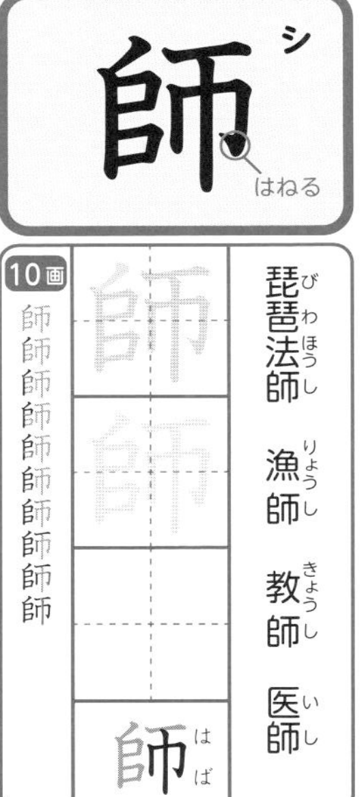

師（教25ページ）　シ　はねる　10画
琵琶法師（びわほうし）　漁師（りょうし）　教師（きょうし）　医師（いし）　師（はば）

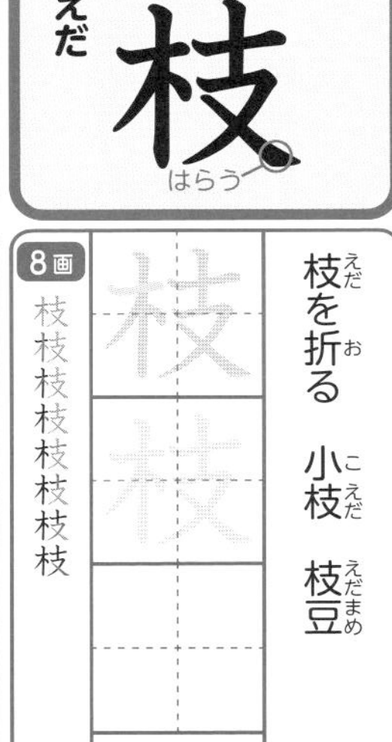

枝（教26ページ）　えだ　はらう　8画
枝を折る（えだをおる）　小枝（こえだ）　枝豆（えだまめ）　枝（きへん）

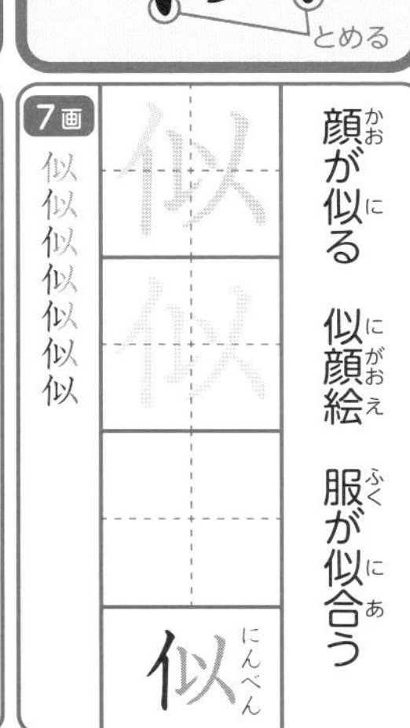

似（教27ページ）　にる　とめる　7画
顔が似る（かおがにる）　似顔絵（にがおえ）　服が似合う（ふくがにあう）　似（にんべん）

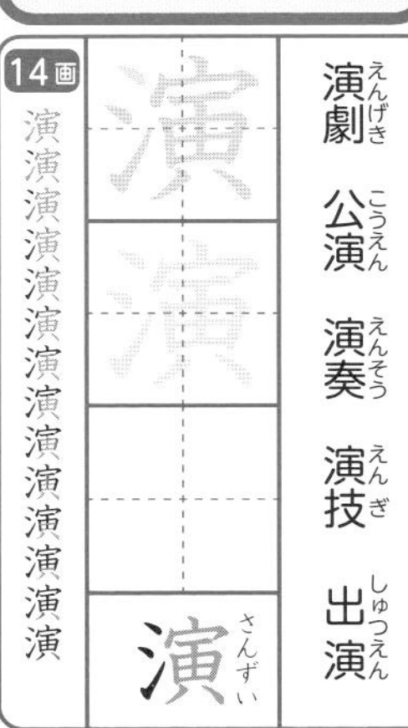

演（教28ページ）　エン　つける　14画
演劇（えんげき）　公演（こうえん）　演奏（えんそう）　演技（えんぎ）　出演（しゅつえん）　演（さんずい）

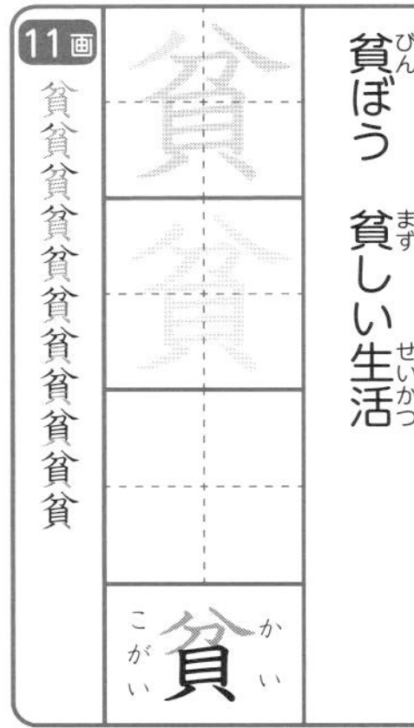

貧（教31ページ）　ビン　まずしい　「今」としない　11画
貧ぼう（びんぼう）　貧しい生活（まずしいせいかつ）　貧（こがい・かい）

1 読みがなを書きましょう。　28点（一つ4）

① 琵琶（びわ）法師（　　）が伝える。

② 木の枝（　　）が折れる。

③ 母親に似（　　）る。

④ 演（　　）劇（げき）を見る。

⑤ 人形劇の公演（　　）。

⑥ 貧（　　）ぼうな生活。

⑦ 心の貧（　　）しい人。

うらのページに続くよ！

教科書 下22～31ページ

2 あてはまる漢字を書きましょう。

72点（一つ9）

① 得意な科目を勉強して、あこがれの［きょうし］になる。

② 体の具合が悪いので、病院で［いし］に相談する。

③ 庭で育てた［えだまめ］を食べる。

④ 友達にたのまれて、［にがおえ］をかく。

⑤ 先生に、ピアノの［えん］奏（そう）をほめてもらう。

⑥ すばらしい［えんぎ］に感動する。

⑦ 祖（そ）父は、わかいころに［びん］ぼうなくらしをしていたそうだ。

⑧ 心の［まず］しい人だと言われ、くやしい思いをする。

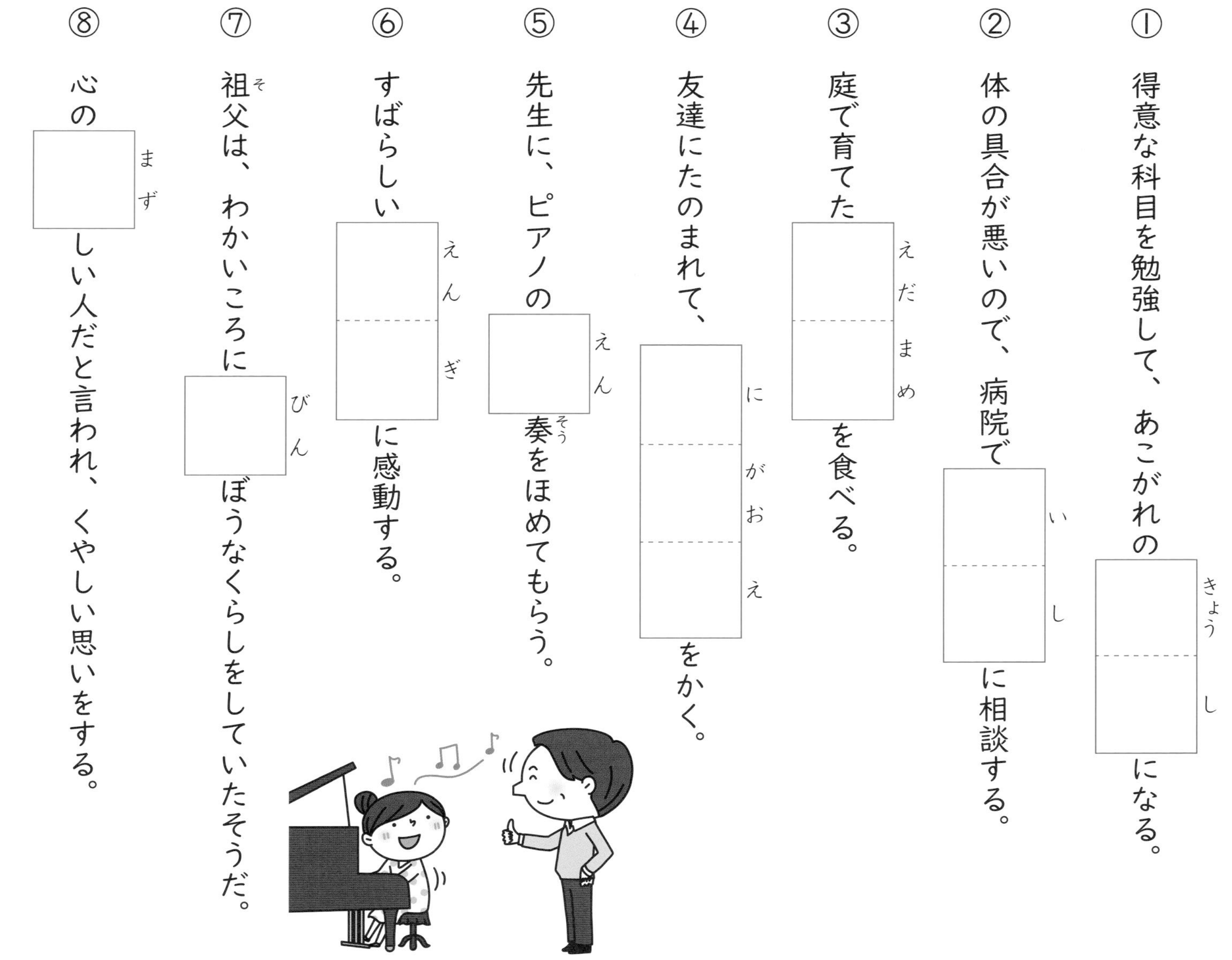

ヒント ② ⑤・⑥「えん」の10画目は、横ぼうの上につき出さないように注意しましょう。

きほんのドリル 30。 かなづかいで気をつけること (2)

時間 15分　合かく80点　/100

答え 102ページ

月　日

書いて覚えよう！

築 教31ページ　チク　きず(く)　わすれずに　16画　たけかんむり
建築（けんちく）　家を築く（いえをきずく）　築きあげる（きずきあげる）

政 教31ページ　セイ　「又」としない　9画　のぶん　ぼくづくり
政治（せいじ）　政府（せいふ）　行政（ぎょうせい）　政治家（せいじか）

税 教31ページ　ゼイ　上にはねる　12画　のぎへん
税金（ぜいきん）　住民税（じゅうみんぜい）　消費税（しょうひぜい）

賞 教31ページ　ショウ　つける　15画　こがい　かい
賞品（しょうひん）　受賞（じゅしょう）　賞状（しょうじょう）　賞金（しょうきん）

興 教31ページ　コウ　キョウ　出る　16画　うす
興味（きょうみ）　興味本位（きょうみほんい）　興奮（こうふん）

1 読みがなを書きましょう。 28点（一つ4）

① 有名な 建築（　） 物。
② 城を 築（　） く。
③ 政治（　） のニュース。
④ 政府（　） の考え。
⑤ 税金（　） をおさめる。
⑥ 賞品（　） を受け取る。
⑦ 興味（　） がわく。

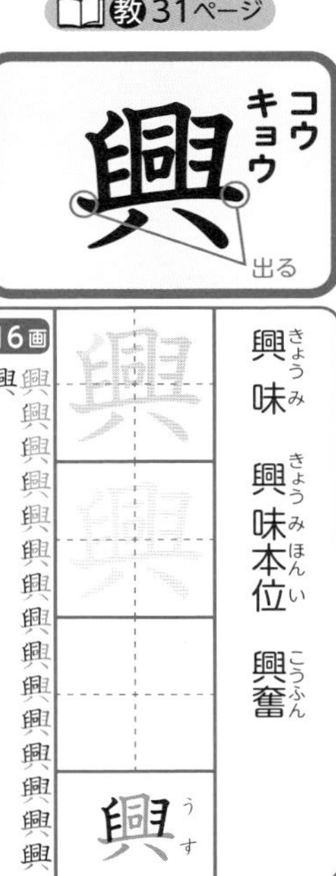

← うらのページに続くよ！

教科書 下30～31ページ

2 あてはまる漢字を書きましょう。

72点（一つ9）

① わたしの父は【　　　】(けんちくか)で、いつもいそがしい。

② 学級委員として、先生との信らい関係を【　】(きず)き上げる。

③ 社会科の授業で、【　　】(ぎょうせい)について勉強する。

④ おじが【　　　】(せいじか)になる。

⑤ 消費【　】(ぜい)を入れて、商品のねだんを計算する。

⑥ チームの代表として、【　　】(しょうじょう)をもらう。

⑦ 【　　　　】(きょうみほんい)でいたずらをしてはいけない。

⑧ 夕食のときに弟が、今日のできごとを【　】(こう)奮しながら話す。

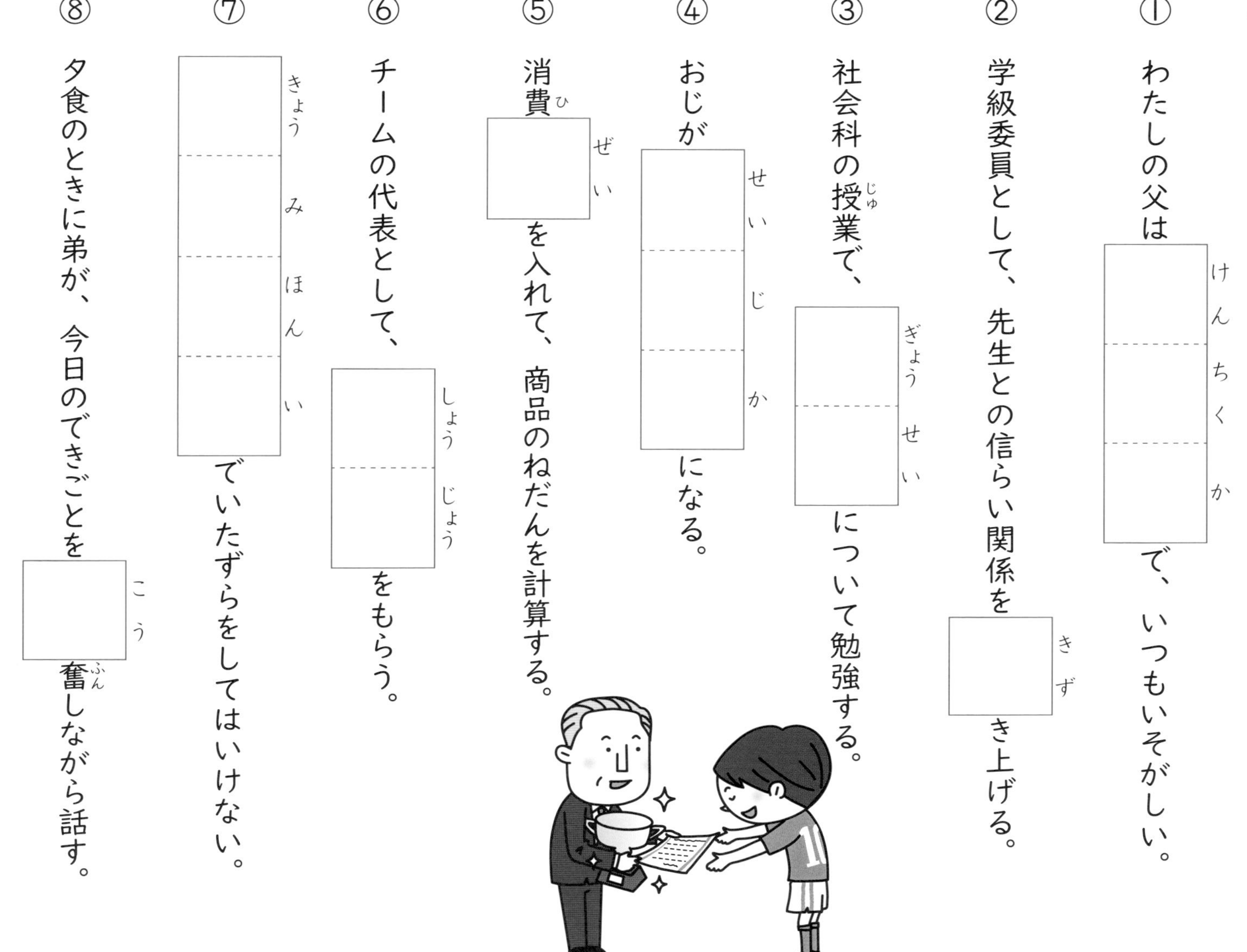

ヒント 2 ⑥「しょう」の「⺌」を「ッ」と書かないように注意しましょう。

きほんのドリル 31。 漢字の成り立ち (1)

書いて覚えよう！

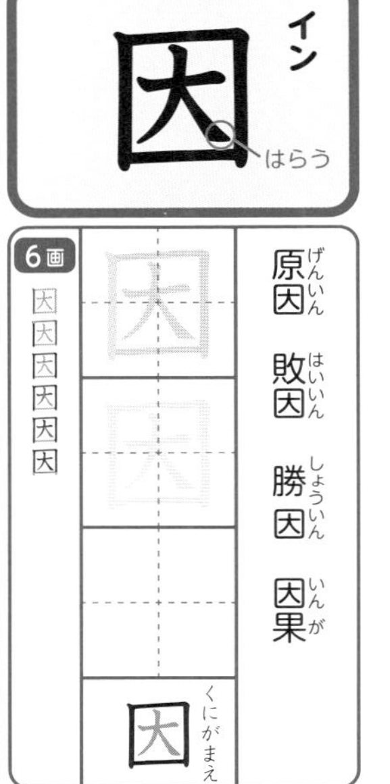

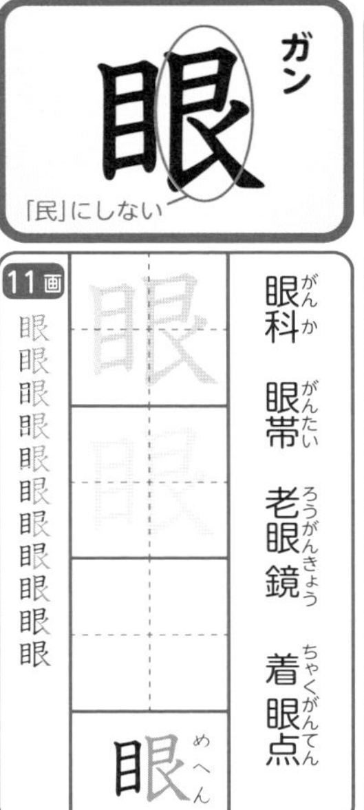

読んで覚えよう！

●…特別な読み方をする漢字

1 読みがなを書きましょう。 20点（一つ4）

① 原因（　　）を見つける。

② 武器（　　）を手に入れる。

③ 眼科（　　）に行く。

④ 財産（　　）を分ける。

⑤ 金額（　　）を調べる。

お金を表す漢字には「貝（かいへん）」がつくことが多いです。

← うらのページに続くよ！

教科書 下32～33ページ

2 あてはまる漢字を書きましょう。

80点（一つ10）

① 試合の［はいいん］について考える。

② 弟が、急に［ぶじゅつ］を習いたいと言い出す。

③ 戦国時代の［ぶし］について勉強する。

④ けがをした右目に［がんたい］をつける。

⑤ 国の重要［ぶんかざい］の寺を見る。

⑥ バーゲンセールで洋服が［はんがく］で売られている。

⑦ 祖父（そ）の［ひたい］のしわは深い。

⑧ 夏休みに、冷やしたスイカを［かわら］で食べた。

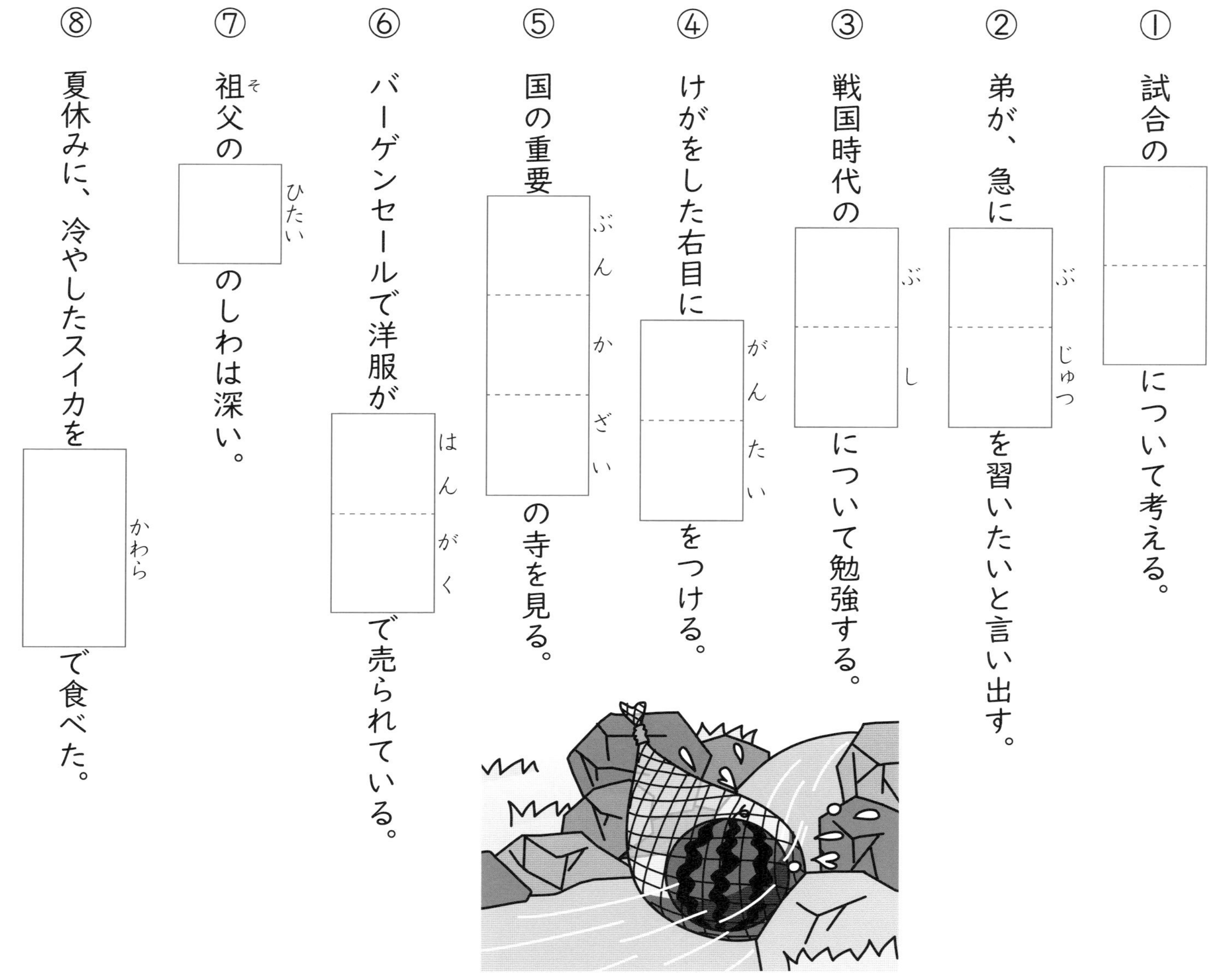

ヒント 2 ⑦「ひたい」は、「おでこ」のことです。

きほんのドリル 32。

漢字の成り立ち（2）
雪わたり（1）

書いて覚えよう！

教 33ページ
紀 キ（上にはねる）
9画 紀紀紀紀紀紀紀紀紀
紀（いとへん）
二十世紀（にじっせいき／にじゅっせいき） 風紀（ふうき） 紀行文（きこうぶん）

教 36ページ
燃 ネン／もえる・もやす・もす（「心」にしない）
16画 燃燃燃燃燃燃燃燃燃燃燃燃燃燃燃燃
燃（ひへん）
燃料（ねんりょう） 可燃（かねん） 紙（かみ）が燃（も）える

教 41ページ
粉 フン／こ・こな（はなす）
10画 粉粉粉粉粉粉粉粉粉粉
粉（こめへん）
花粉（かふん） 小麦粉（こむぎこ） 粉（こな） 粉薬（こなぐすり） 粉雪（こなゆき）

教 42ページ
断 ダン／ことわる（とめる）
11画 断断断断断断断断断断断
断（おのづくり）
油断（ゆだん） 横断（おうだん） 大人（おとな）お断（ことわ）り

教 53ページ
寄 キ／よる・よせる（長く）
11画 寄寄寄寄寄寄寄寄寄寄寄
寄（うかんむり）
寄贈（きぞう） 寄宿（きしゅく） お年寄（としよ）り

時間 15分　合かく80点　／100
答え 102ページ　サクッとこたえあわせ
月　日

1 読みがなを書きましょう。 28点（一つ4）

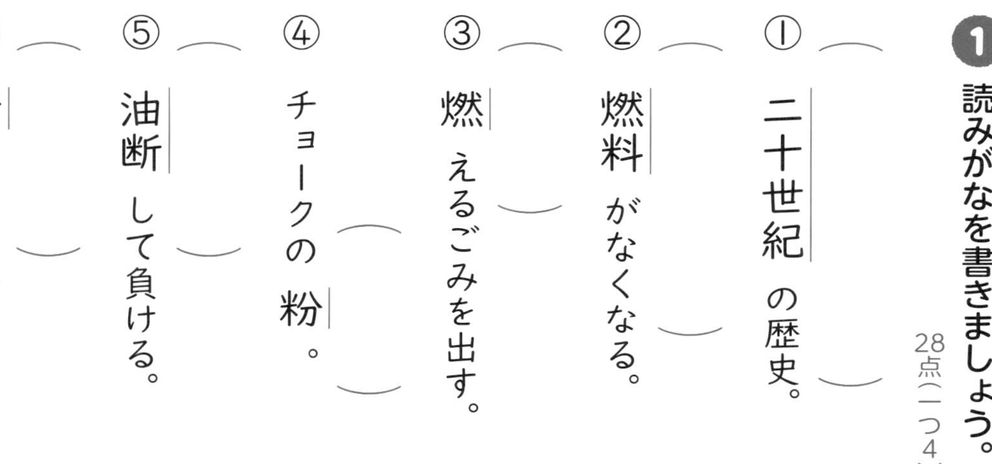

① 二十世紀（　　）の歴史。
② 燃料（　　）がなくなる。
③ 燃（　　）えるごみを出す。
④ チョークの粉（　　）。
⑤ 油断（　　）して負ける。
⑥ 断（　　）りを入れる。
⑦ 本を寄（　　）贈（ぞう）する。

うらのページに続くよ！

② あてはまる漢字を書きましょう。

72点（一つ9）

① （ふうき）委員としての自覚を持って行動する。

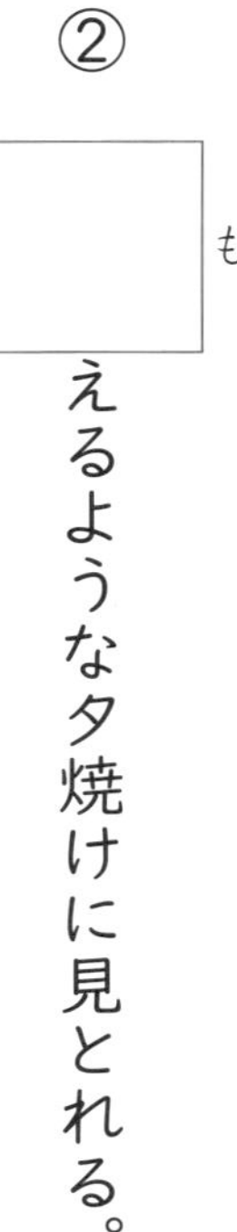

② （も）えるような夕焼けに見とれる。

③ （こむぎこ）を買いわすれてしまった。

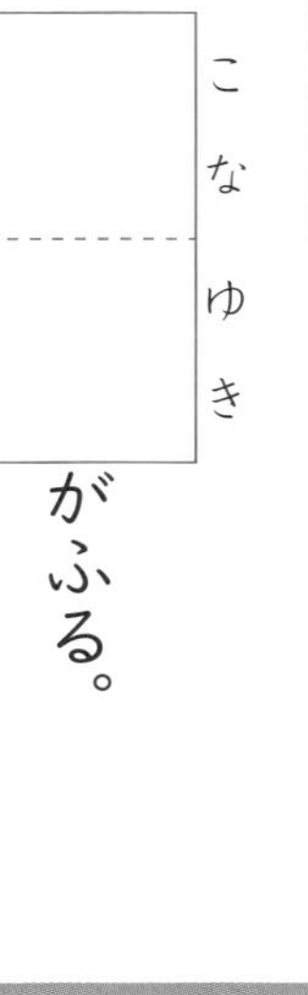

④ 冬の日の朝に、（こなゆき）がふる。

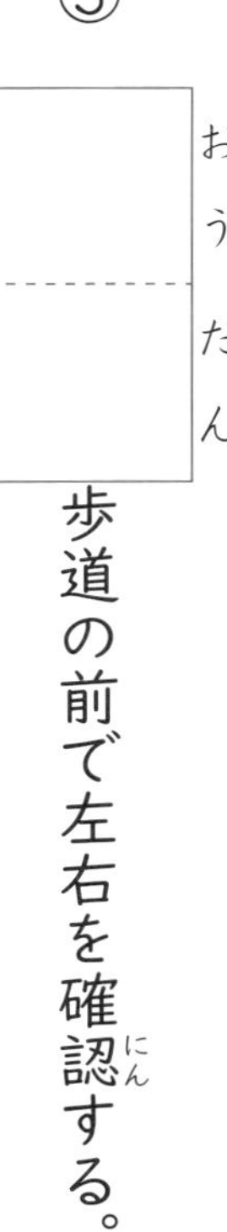

⑤ （おうだん）歩道の前で左右を確認（にん）する。

⑥ 友達からの、遊園地に行くさそいを（ことわ）る。

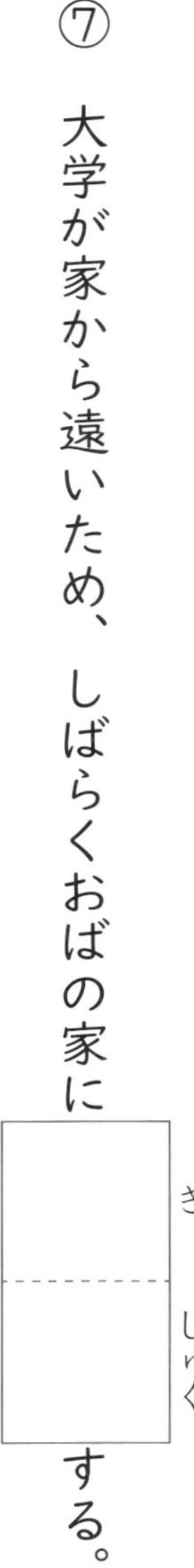

⑦ 大学が家から遠いため、しばらくおばの家に（きしゅく）する。

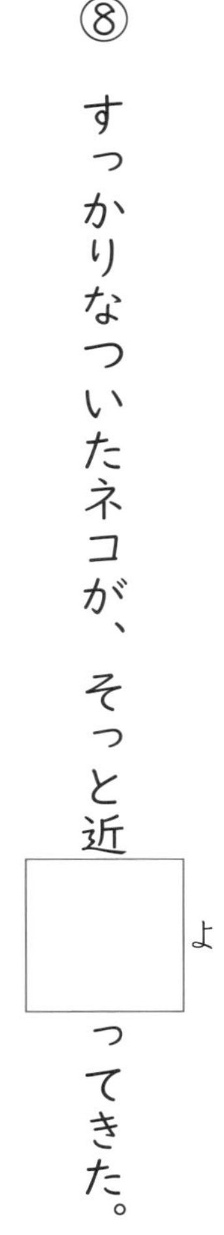

⑧ すっかりなついたネコが、そっと近（よ）ってきた。

ヒント ② ⑦「きしゅく」は、「他の人の家に身をよせて世話になること」という意味です。

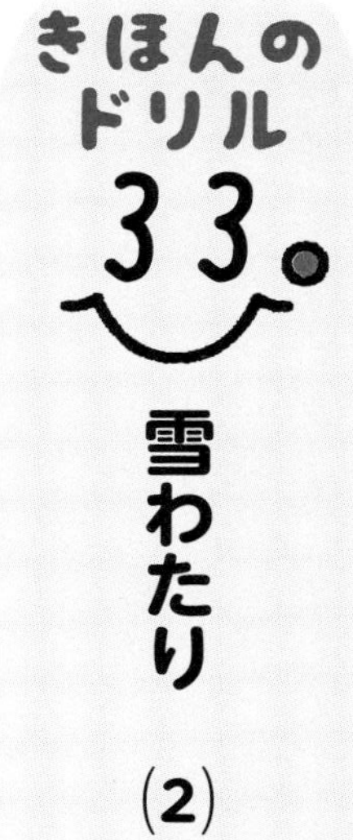

きほんのドリル 33 雪わたり (2)

時間 15分　合かく80点　/100

答え102ページ　サクッとこたえあわせ

月　日

書いて覚えよう！

教60ページ

判（ハン・バン）　はねる　7画

判判判判判判判

評判（ひょうばん）　小判（こばん）　判定（はんてい）　判断（はんだん）

判（りっとう）

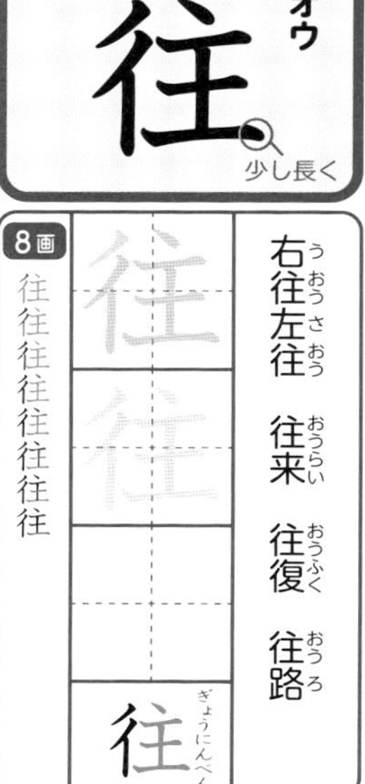

教64ページ

往（オウ）　少し長く　8画

往往往往往往往往

右往左往（うおうさおう）　往来（おうらい）　往復（おうふく）　往路（おうろ）

往（ぎょうにんべん）

1 読みがなを書きましょう。

28点（一つ4）

① 評判（　　）のよい店。

② 小判（　　）を見つける。

③ 先生に判定（　　）してもらう。

④ 冷静に判断（　　）する。

⑤ 右往左往（　　）する。

⑥ 人の往来（　　）がはげしい。

⑦ 往（　　）復きっぷを買う。

「右往左往」ってなに？

混乱して右に行ったり左に行ったりすることを表す四字熟語です。

教科書 下36〜65ページ

← うらのページに続くよ！

２ あてはまる漢字を書きましょう。

72点（一つ9）

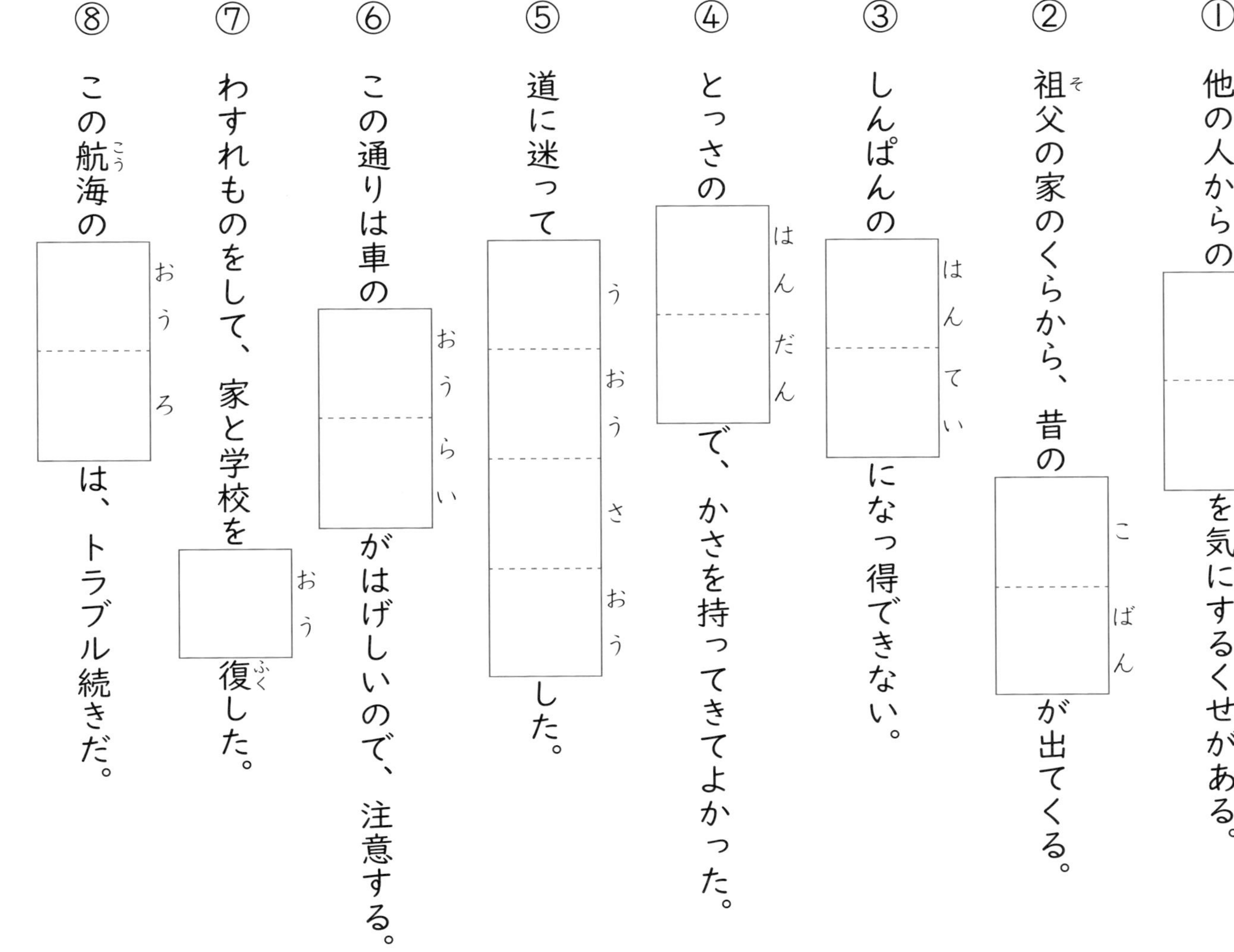

① 他の人からの［ひょう｜ばん］を気にするくせがある。

② 祖(そ)父の家のくらから、昔の［こ｜ばん］が出てくる。

③ しんぱんの［はん｜てい］になっ得できない。

④ とっさの［はん｜だん］で、かさを持ってきてよかった。

⑤ 道に迷って［う｜おう｜さ｜おう］した。

⑥ この通りは車の［おう｜らい］がはげしいので、注意する。

⑦ わすれものをして、家と学校を［おう］復(ふく)した。

⑧ この航(こう)海の［おう｜ろ］は、トラブル続きだ。

ヒント ２ ⑥「おうらい」は、「行ったりきたりすること」という意味です。

冬休みのホームテスト 34

九月から十二月に習った漢字と言葉

1 漢字の読みがなを書きましょう。 16点(一つ2)

① 宿題を 提出（　） する。

② 限界（　） にいどむ。

③ きずついた鳥を 保護（　） する。

④ 市の 条例（　） を定める。

⑤ 河口（　） にある町に着く。

⑥ 台風が 接近（　） する。

⑦ スピード 制限（　） がかかる。

⑧ 消費（ひ） 税（　） をはらう。

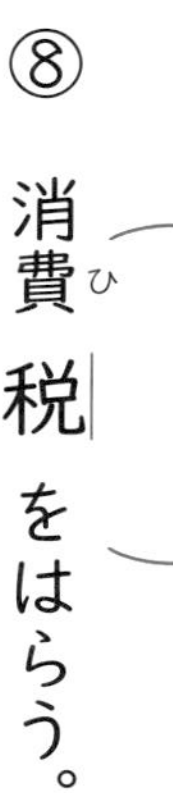

2 あてはまる漢字を書きましょう。 24点(一つ3)

① 案を □□（さいよう） する。

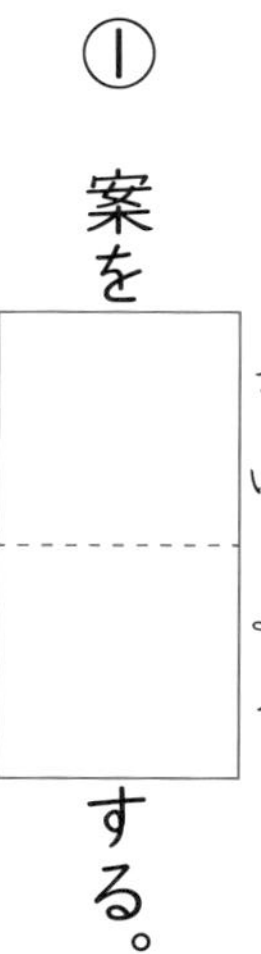

② ビルの □□（けんせつ）。

③ ひみつ □□（きち） を作る。

④ □□（りょうし） の船。

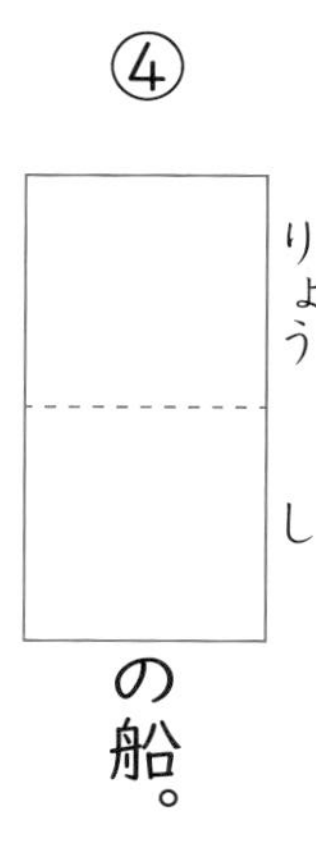

⑤ □（き） 則（そく）を守る。

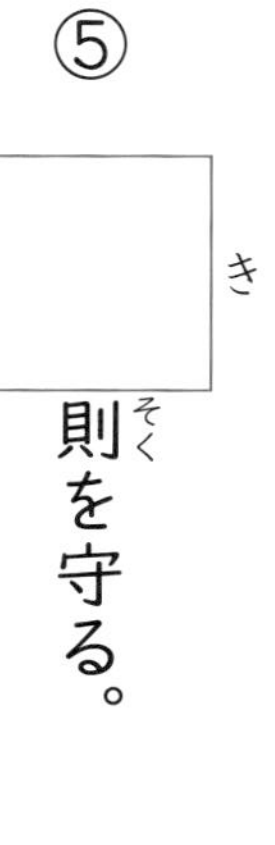

⑥ □□（にあ） う服。

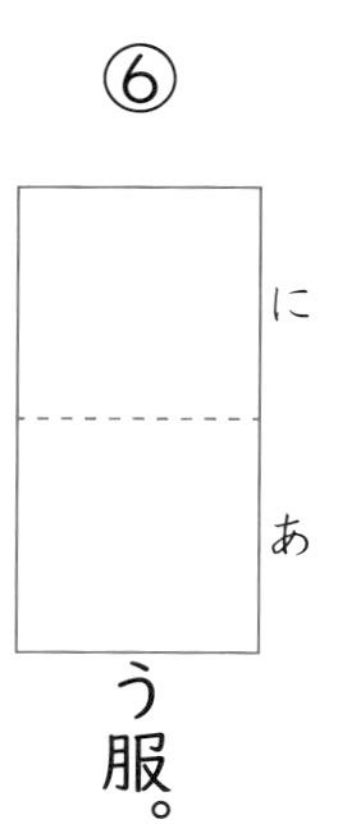

⑦ 電話で □□（ようけん） を伝える。

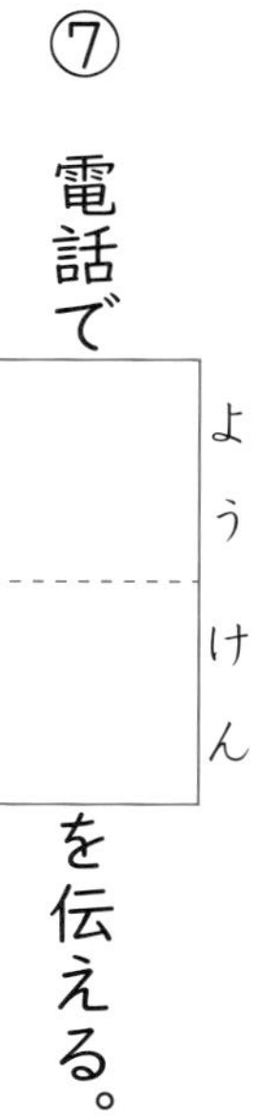

⑧ □□（えんぎ） の練習。

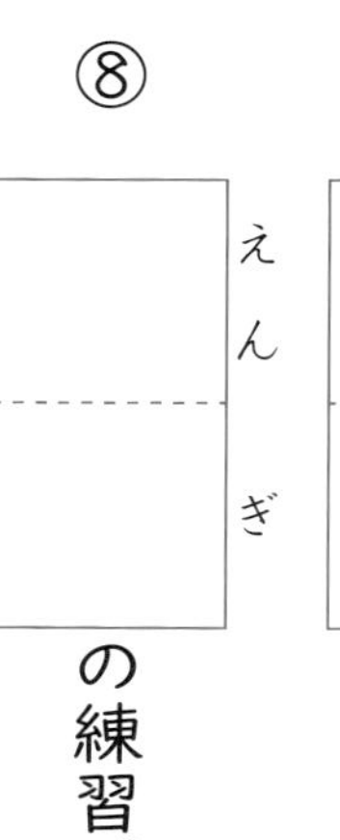

← うらのページに続くよ！

3 次の漢字の成り立ちを、それぞれあとから選び、記号で書きましょう。

24点(一つ3)

① 財（　　）　② 因（　　）　③ 武（　　）　④ 魚（　　）

⑤ 下（　　）　⑥ 紀（　　）　⑦ 馬（　　）　⑧ 眼（　　）

ア　物の形をかたどったもの（象形文字）。
イ　意味を図形や記号で表したもの（指事文字）。
ウ　漢字の意味を組み合わせたもの（会意文字）。
エ　意味を表す部分と、音を表す部分とを組み合わせたもの（形声文字）。

4 次のそれぞれの二字熟語を完成させましょう。

20点(一つ4)

① 出（しゅつ）□（ちょう）

② □（し）店（てん）

③ □（せい）治（じ）

④ □（きょう）味（み）

⑤ 評（ひょう）□（ばん）

5 次の音読み、訓読みをする漢字の、■に入る部分を書きましょう。

16点(一つ4)

① ガク　ひたい　■頁　□

② キュウ　すくう　■攵　□

③ ネン　もえる　火■　□

④ フン　こな　米■　□

生活をよりよくする提案
和語・漢語・外来語 (1)

時間 15分　合かく80点　／100

答え 102ページ　サクッとこたえあわせ

月　日

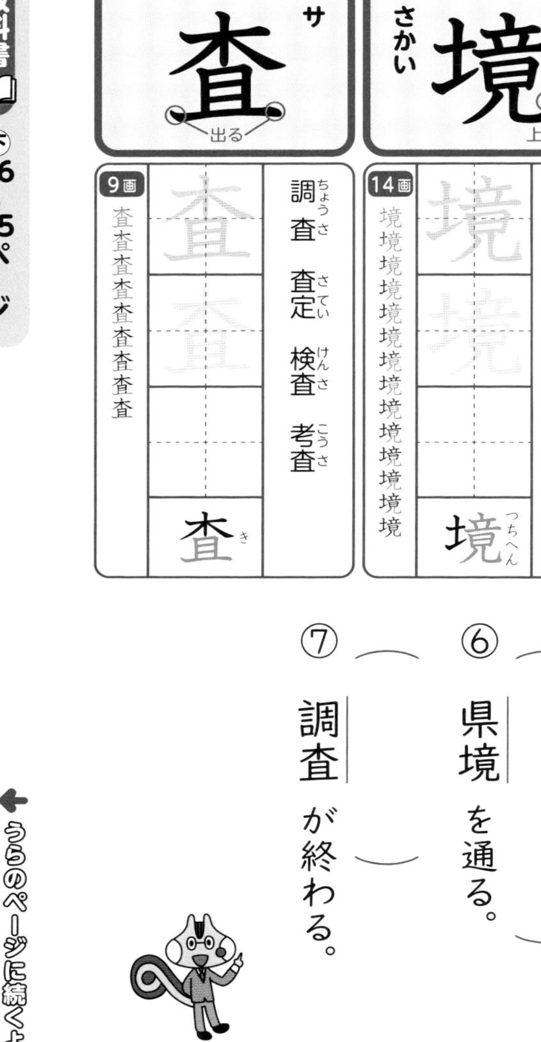

書いて覚えよう！

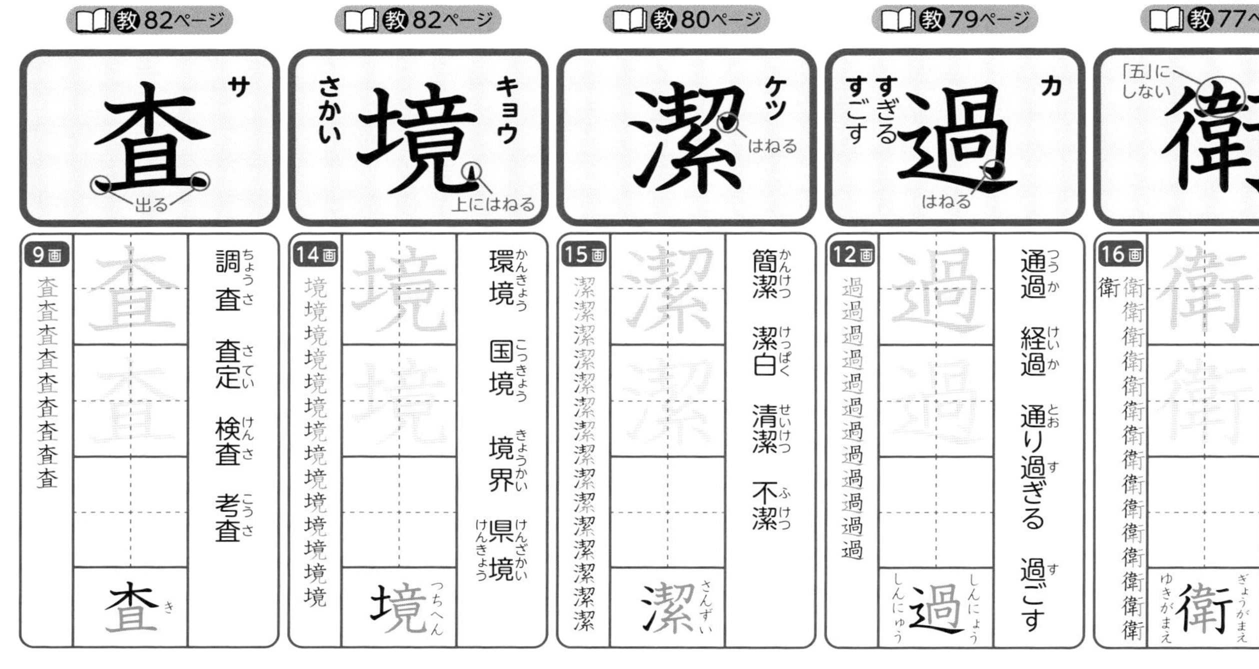

漢字	読み	画数	注意	言葉	教科書
衛	エイ	16画	「五」にしない	不衛生（ふえいせい）　人工衛星（じんこうえいせい）　自衛（じえい）　衛（ぎょうがまえ／ゆきがまえ）	教77ページ
過	カ／す-ぎる／す-ごす	12画	はねる	通過（つうか）　経過（けいか）　通り過ぎる（とおりすぎる）　過ごす（すごす）　過（しんにょう／しんにゅう）	教79ページ
潔	ケツ	15画	はねる	簡潔（かんけつ）　潔白（けっぱく）　清潔（せいけつ）　不潔（ふけつ）　潔（さんずい）	教80ページ
境	キョウ／さかい	14画	上にはねる	環境（かんきょう）　国境（こっきょう）　境界（きょうかい）　県境（けんざかい／けんきょう）　境（つちへん）	教82ページ
査	サ	9画	出る	調査（ちょうさ）　査定（さてい）　検査（けんさ）　考査（こうさ）　査（き）	教82ページ

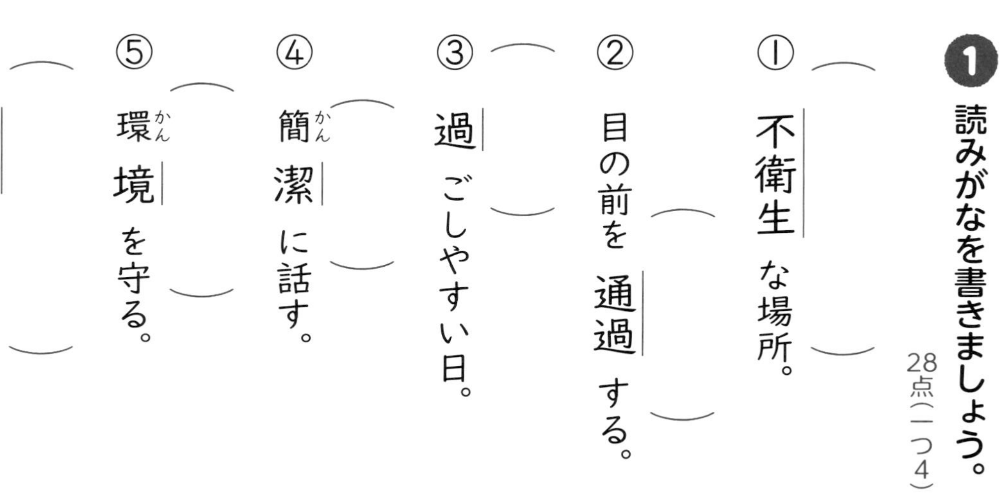

1 読みがなを書きましょう。　28点（一つ4）

① 不衛生（　　）な場所。

② 目の前を通過（　　）する。

③ 過（　　）ごしやすい日。

④ 簡（かん）潔（　　）に話す。

⑤ 環（かん）境（　　）を守る。

⑥ 県境（　　）を通る。

⑦ 調査（　　）が終わる。

うらのページに続くよ！

2 あてはまる漢字を書きましょう。

72点（一つ9）

① ［じんこうえいせい］の打ち上げをテレビで見た。

② 約束した時間から、一時間も［けいか］した。

③ 一日中ぼんやりと［す］ごした。

④ 裁判（さい）で、身の［けっぱく］を証明する。

⑤ 姉は、いつも自分の部屋を［せいけつ］にしている。

⑥ となりのくにとの［こっきょう］に川が流れている。

⑦ となりの家との［きょうかい］にへいがある。

⑧ 今週末、車の［さてい］がある。

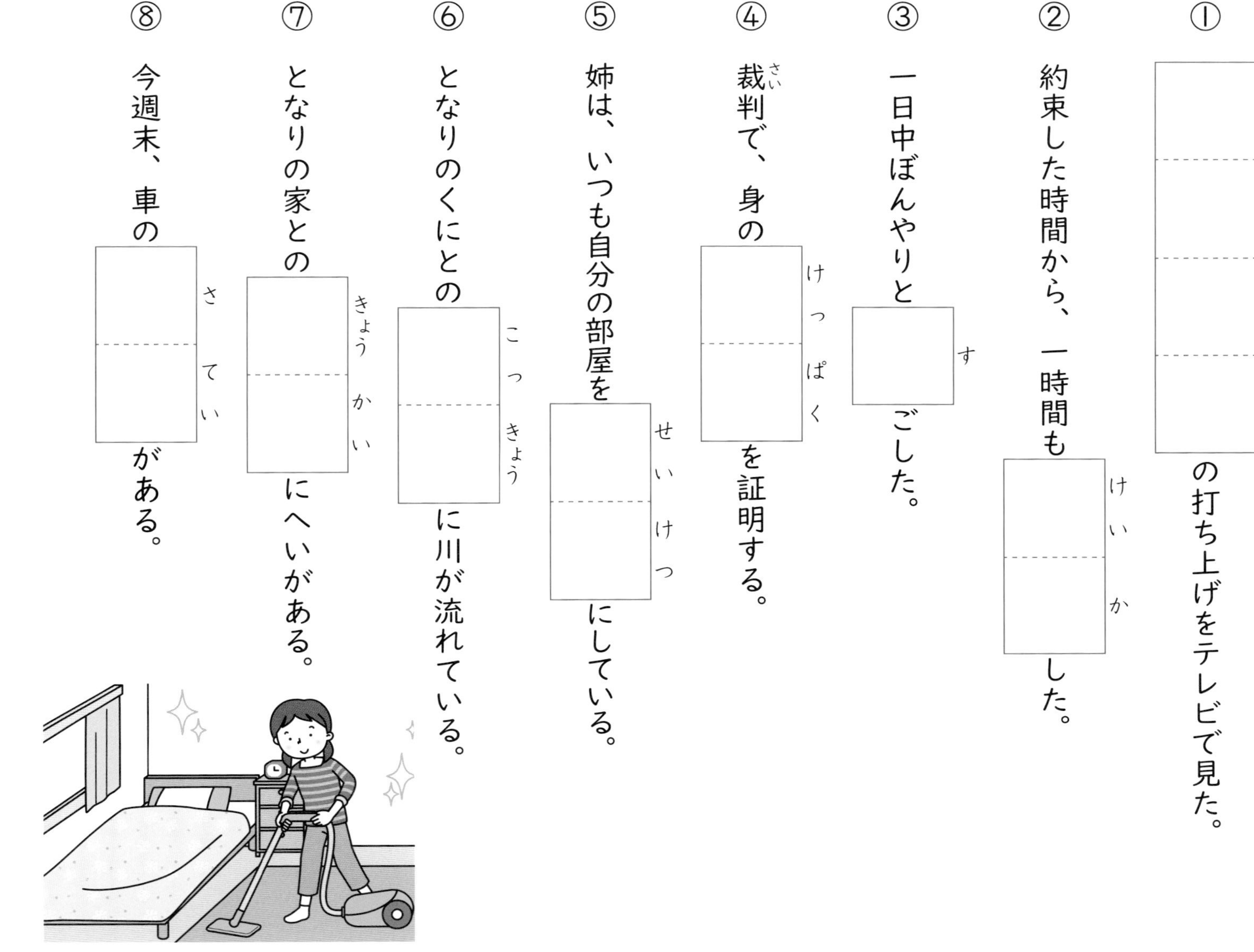

ヒント ２ ⑧「さ」は、４画目をしっかりとはらいましょう。

きほんのドリル 36。

和語・漢語・外来語 (2)

時間 15分
合かく80点
/100
サクッとこたえあわせ
答え 102ページ
月　日

書いて覚えよう！

教83ページ
航（コウ）たてに
10画　航航航航航航航航航航
航（ふねへん）
航海（こうかい）　出航（しゅっこう）　航空機（こうくうき）

教83ページ
停（テイ）はねる
11画　停停停停停停停停停停停
停（にんべん）
停止（ていし）　停車（ていしゃ）　バス停（てい）

教83ページ
貿（ボウ）はねる
12画　貿貿貿貿貿貿貿貿貿貿貿貿
貿（こがい・かい）
貿易（ぼうえき）　貿易港（ぼうえきこう）　貿易風（ぼうえきふう）

教83ページ
易（エキ・イ／やさしい）「昜」としない
8画　易易易易易易易易
易（ひ）
貿易（ぼうえき）　交易（こうえき）　安易（あんい）　容易（ようい）　易（やさ）しい

教83ページ
婦（フ）出ない
11画　婦婦婦婦婦婦婦婦婦婦婦
婦（おんなへん）
婦人（ふじん）　老婦人（ろうふじん）　新婦（しんぷ）　夫婦（ふうふ）

1 読みがなを書きましょう。
28点（一つ4）

① 航海（　　）から帰る。
② 一時（　　）停止（　　）する。
③ 停車中（　　）の車。
④ 貿易（　　）がさかんな町。
⑤ 安易（　　）に考える。
⑥ 易（　　）しい問題。
⑦ 婦人用（　　）の洋服。

← うらのページに続くよ！

教科書 下 82〜85ページ

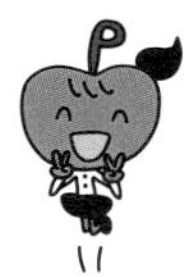

❷ あてはまる漢字を書きましょう。

72点（一つ9）

① たくさんの旅行客を乗せたフェリーが［しゅっこう］する。

② 気球やヘリコプターも［こうくうき］の一種だ。

③ 家からいちばん近いバス［てい］で待ち合わせをする。

④ ［ぼうえきこう］で、たくさんの荷物をおろす。

⑤ 姉は、［ようい］に逆上がりができる。

⑥ ［やさ］しいクイズなので、全問正解した。

⑦ 電車の中で［ろうふじん］に席をゆずる。

⑧ ウエディングドレスを着た［しんぷ］にあこがれる。

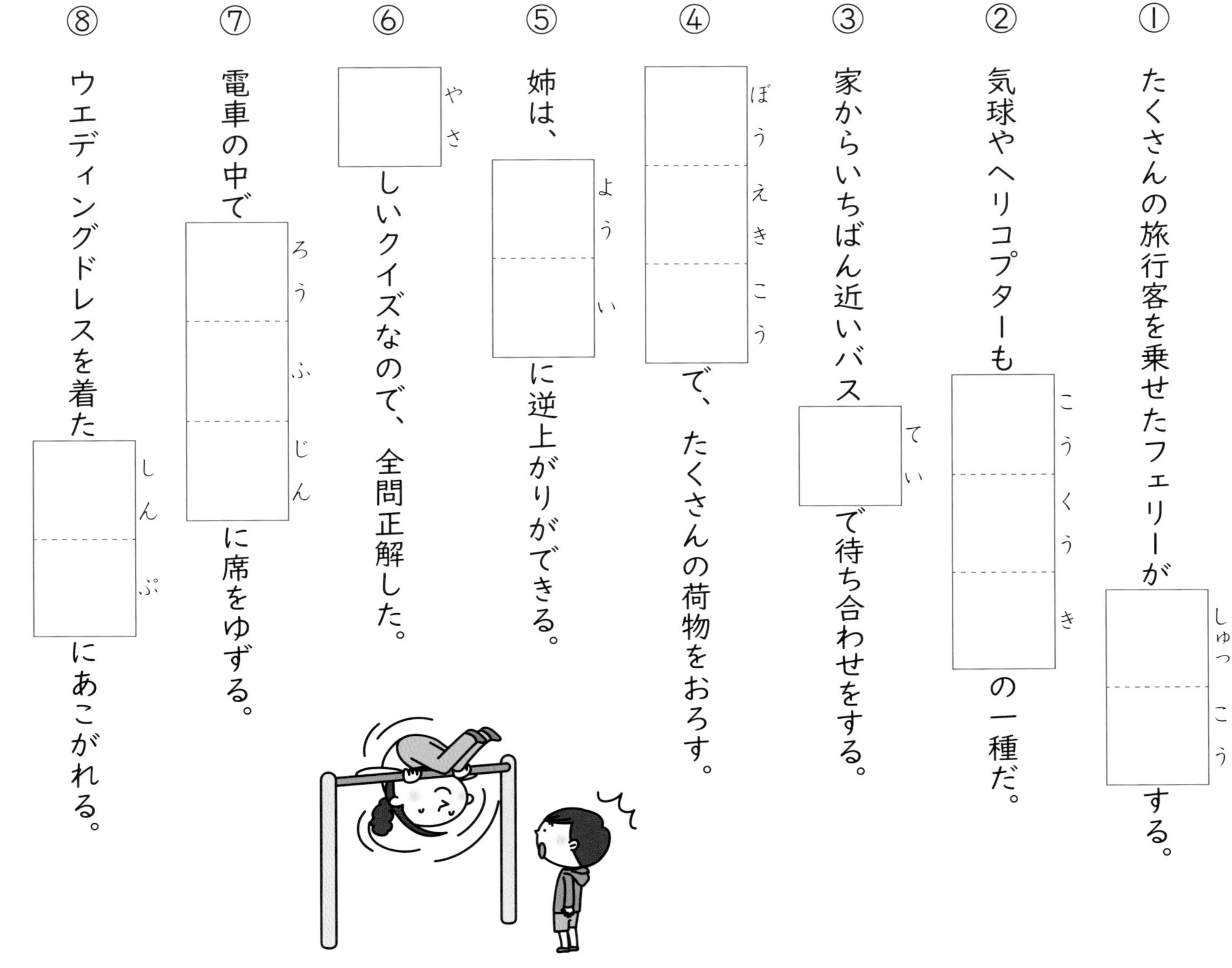

ヒント ❷ ④「ぼう」の「刀」を「力」と書かないように注意しましょう。

きほんのドリル 37

和語・漢語・外来語(3) 同じ音(おん)の漢字(1)

時間 15分　合かく80点　／100

答え 102ページ　サクッとこたえあわせ

月　日

書いて覚えよう！

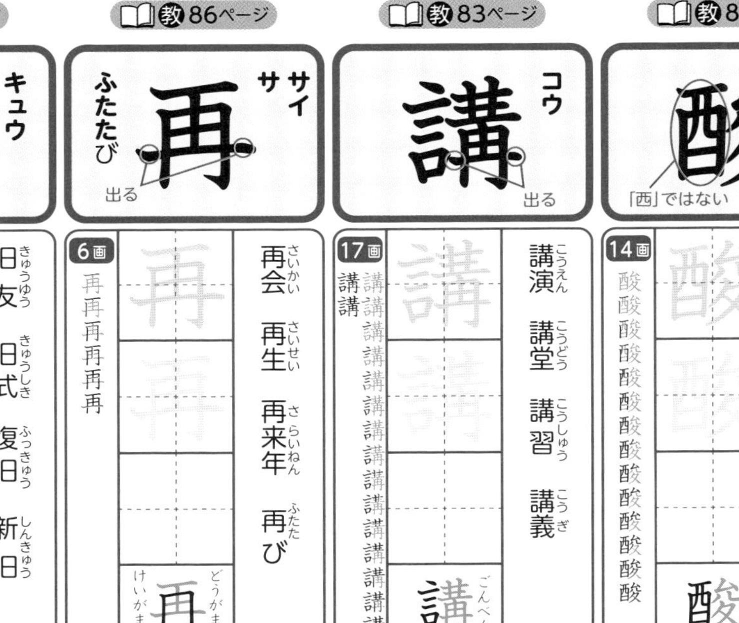

漢字	読み	注意	画数	筆順	部首	ことば	ページ
酸	サン	「西」ではない	14画	酸酸酸酸酸酸酸酸酸酸酸酸酸酸	酸（とりへん）	酸素(さんそ)　酸化(さんか)　炭酸(たんさん)　酸性雨(さんせいう)	教83ページ
講	コウ	出る	17画	講講講講講講講講講講講講講講講講講	講（ごんべん）	講演(こうえん)　講堂(こうどう)　講習(こうしゅう)　講義(こうぎ)	教83ページ
再	サイ　サ　ふたたび	出る	6画	再再再再再再	再（どうがまえ／けいがまえ）	再会(さいかい)　再生(さいせい)　再来年(さらいねん)　再び(ふたたび)	教86ページ
旧	キュウ	とめる	5画	旧旧旧旧旧	旧（ひ）	旧友(きゅうゆう)　旧式(きゅうしき)　復旧(ふっきゅう)　新旧(しんきゅう)	教86ページ
績	セキ	とめる	17画	績績績績績績績績績績績績績績績績績	績（いとへん）	成績(せいせき)　実績(じっせき)　業績(ぎょうせき)　功績(こうせき)	教86ページ

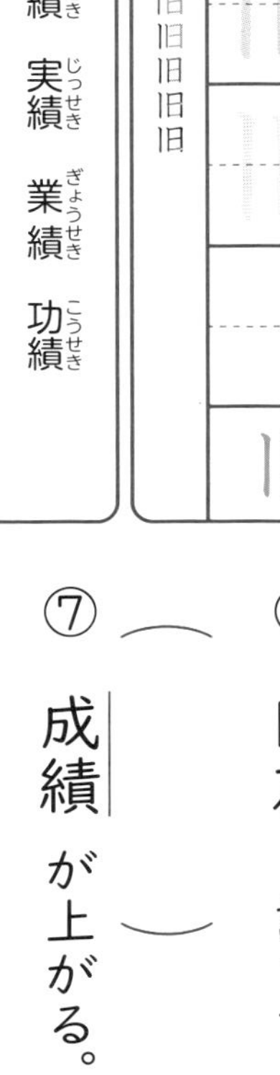

1 読みがなを書きましょう。　28点(一つ4)

① 酸素(そ)をすう。（　）

② 空気にふれて酸化する。（　）

③ 講演を聞きに行く。（　）

④ 学校の講堂に集まる。（　）

⑤ 再会を果たす。（　）

⑥ 旧友と話をする。（　）

⑦ 成績が上がる。（　）

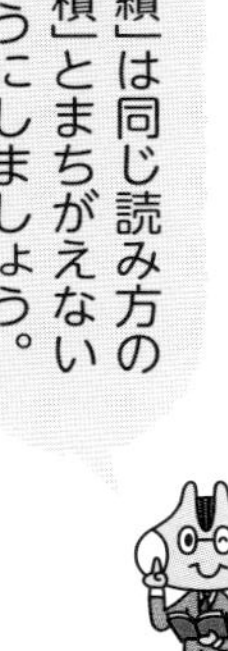
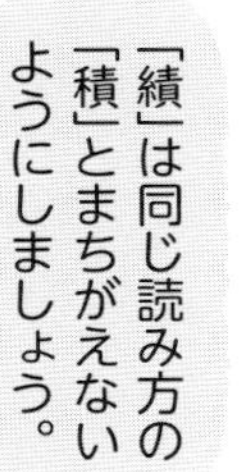

「績」は同じ読み方の「積」とまちがえないようにしましょう。

教科書 下82〜87ページ

うらのページに続くよ！

2 あてはまる漢字を書きましょう。

72点（一つ9）

① おやつの時間に、［たんさん］ジュースを飲む。

② 苦手な水泳の［こうしゅう］を受ける。

③ パソコンで動画を［さいせい］する。

④ ［さらいねん］には中学校に通うことになる。

⑤ わすれものをしたので［ふたた］び学校にもどる。

⑥ ［きゅうしき］の機械を分解する。

⑦ 停電の復（ふっ）［きゅう］工事が終わる。

⑧ 妹は、書道のコンクールで入賞した［じっせき］がある。

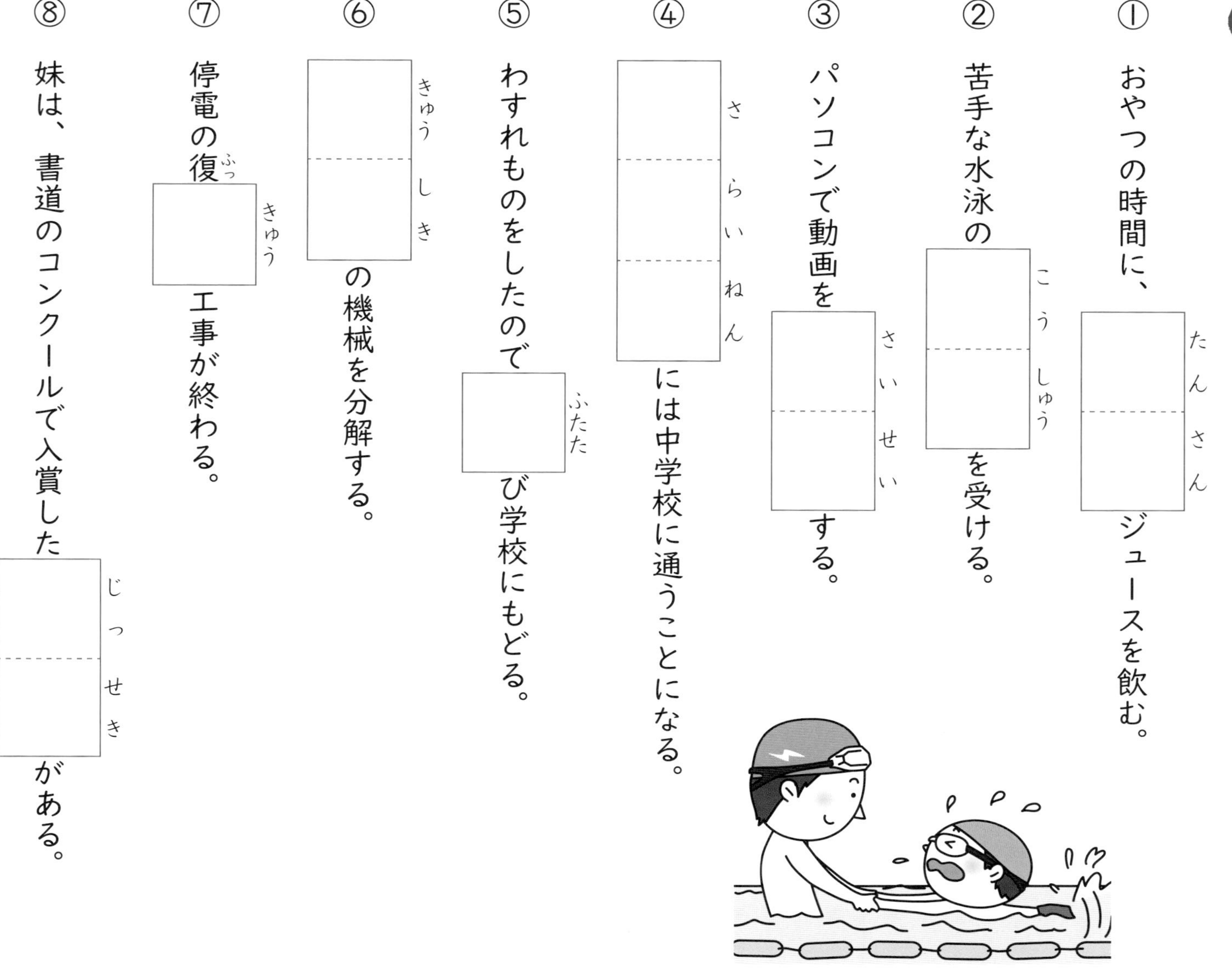

ヒント ❷ ②「こう」は、「構」と書かないように注意しましょう。

きほんのドリル 38。同じ音(おん)の漢字 (2)

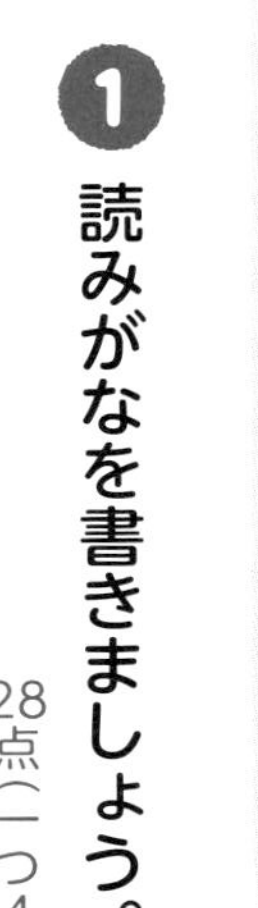

時間 15分　合かく80点　／100
答え 102ページ
サクッとこたえあわせ
月　日

書いて覚えよう！

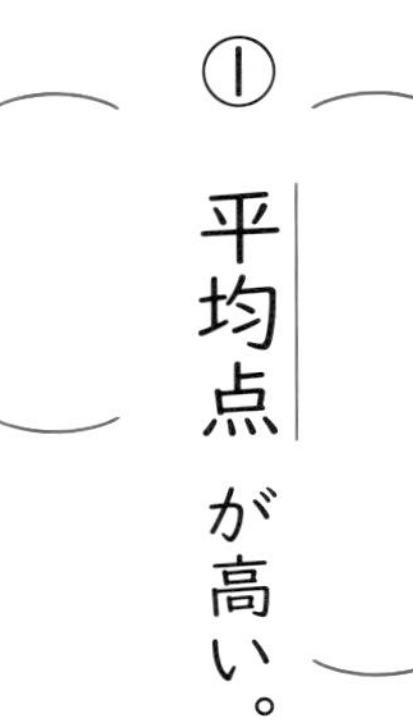

教 86ページ
均　キン
はねる
7画　均均均均均均均
平均点(へいきんてん)　均等(きんとう)　均整(きんせい)
均（つちへん）

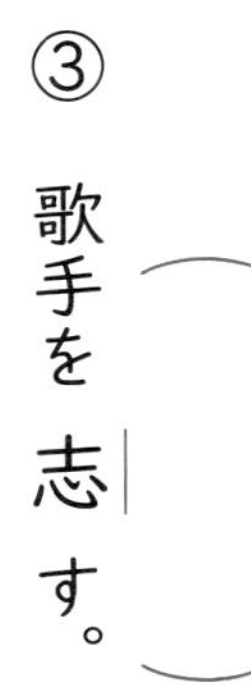

教 87ページ
志　シ　こころざす　こころざし
短く
7画　志志志志志志志
意志(いし)　志願(しがん)　画家(がか)を志(こころざ)す　志(こころざし)
志（こころ）

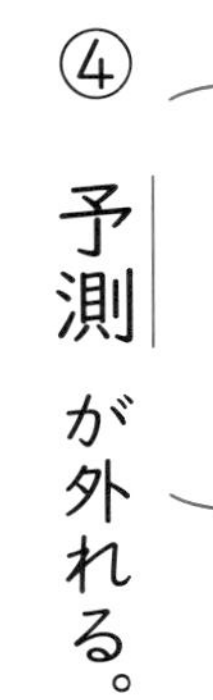

教 87ページ
測　ソク　はかる
はねる
12画　測測測測測測測測測測測測
予測(よそく)　観測(かんそく)　角度(かくど)を測(はか)る
測（さんずい）

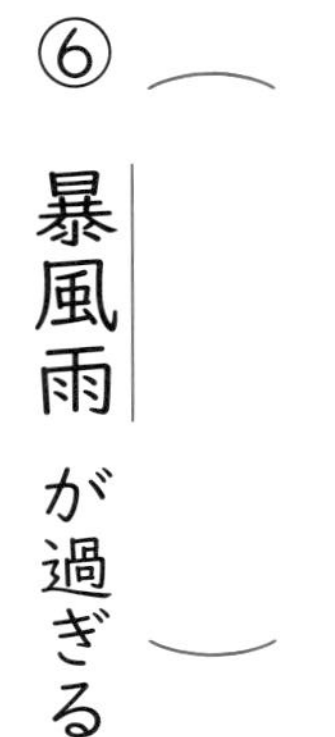

教 87ページ
暴　ボウ　あばれる
はねる
15画　暴暴暴暴暴暴暴暴暴暴暴暴暴暴暴
暴風雨(ぼうふうう)　暴発(ぼうはつ)　暴力(ぼうりょく)　牛(うし)が暴(あば)れる
暴（ひ）

1 読みがなを書きましょう。　28点(一つ4)

① 平均点が高い。（　　）
② 意志が強い。（　　）
③ 歌手を志す。（　　）
④ 予測が外れる。（　　）
⑤ 長さを測る。（　　）
⑥ 暴風雨が過ぎる。（　　）
⑦ 馬が暴れる。（　　）

重さや体積は「量る」、長さや面積は「測る」を使うよ。

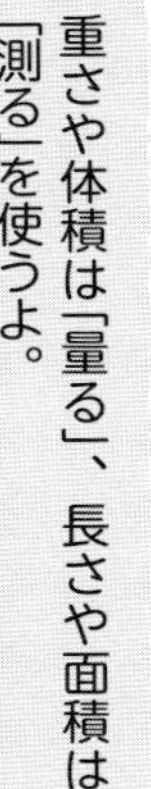

教科書 下 86〜87ページ

うらのページに続くよ！

2 あてはまる漢字を書きましょう。

72点（一つ9）

① もらったおかしを、兄弟で（　）（きんとう）に分け合う。

② 今学期こそは学級委員に（　）（しがん）する。

③ 医者を（　）（こころざ）しているので、たくさん勉強する。

④ 作家になろうと（　）（こころざし）を立てる。

⑤ 夏休みに、自由研究で天体（　）（かんそく）をする。

⑥ 分度器を使って、三角形の一つの角の大きさを（　）（はか）る。

⑦ （　）（ぼうりょく）に反対する。

⑧ 興奮（ふん）して（　）（あば）れる犬を、落ち着かせる。

ヒント 2 ⑥「はかる」は、「計」や「量」などの同じ読み方をする漢字に注意しましょう。

同じ音(おん)の漢字 (3)

書いて覚えよう!

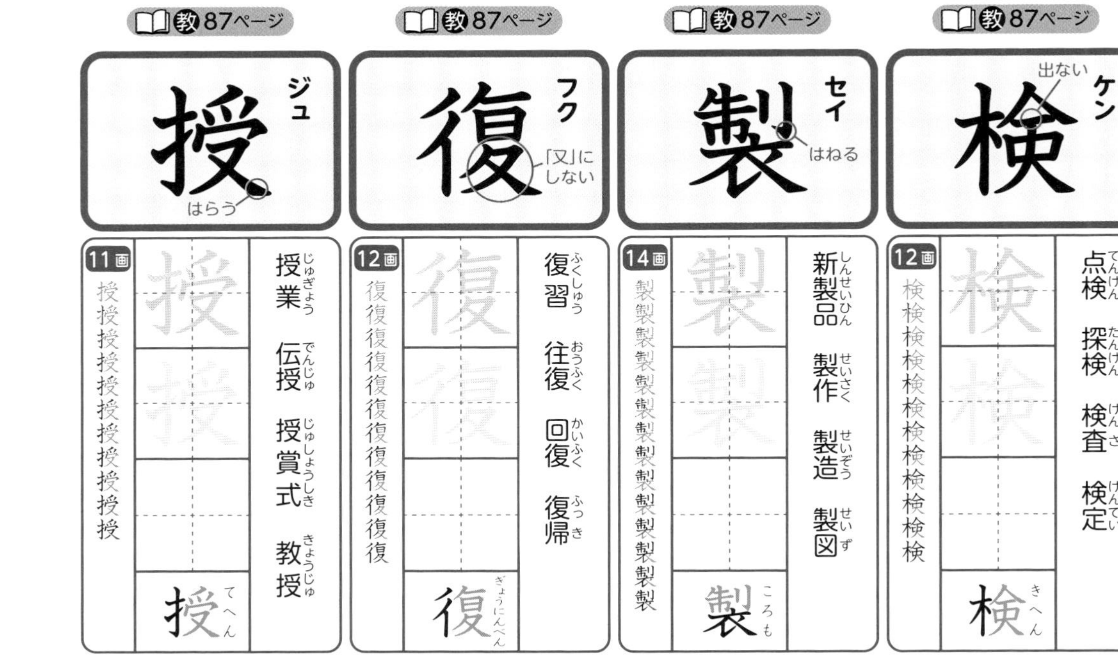

1 読みがなを書きましょう。 28点(一つ4)

① 部屋を 点検 する。( )

② 山へ 探(たん)検 に行く。( )

③ 新製品 のおかし。( )

④ 部品の 製造 。( )

⑤ 毎日 復習 する。( )

⑥ 家と学校の 往復 。( )

⑦ 授業 で習う。( )

教科書 下86~87ページ

うらのページに続くよ!

❷ あてはまる漢字を書きましょう。

72点（一つ9）

① 空港で旅行客の荷物を［けんさ］する。

② 漢字の勉強をして、［けんてい］を受ける。

③ 父が部屋に合ういすを［せいさく］する。

④ 建築家がつくえに向かって［せいず］を始める。

⑤ 山の上で天候の［かいふく］を待つ。

⑥ しばらく休んでいたが、今日から［ふっき］する。

⑦ 姉に友達の増やし方を［でんじゅ］してもらう。

⑧ 新しいスーツを着て［じゅしょうしき］に出る。

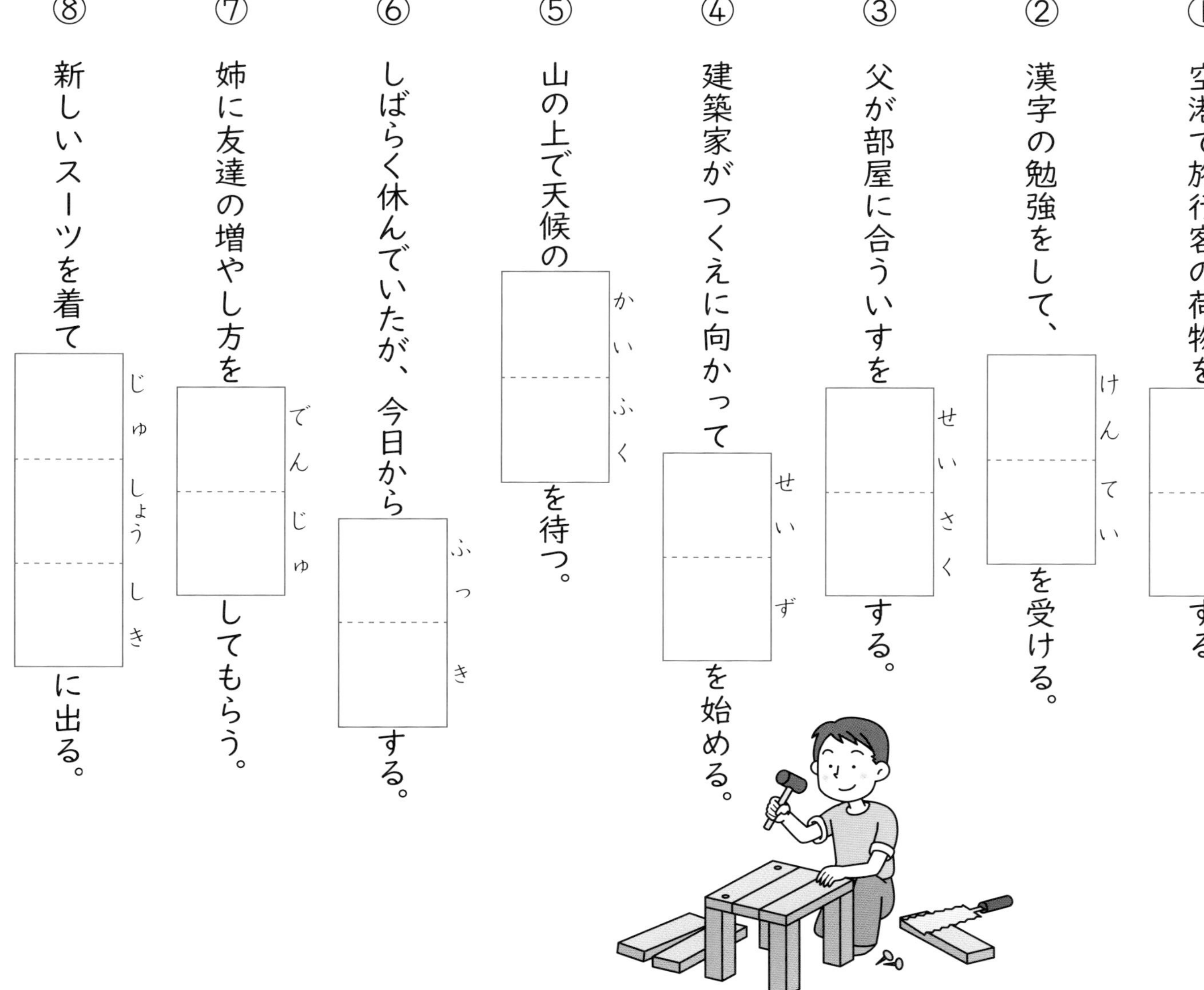

ヒント ❷③・④「せい」は、「制」と書かないように注意しましょう。

まとめのドリル40。

生活をよりよくする提案～ 同じ音（おん）の漢字

1 漢字の読みがなを書きましょう。　48点（一つ4）

① 入場者数の **調査** を終える。

② わたしの夢は、世界一周の **航海** に出ることだ。

③ **国境** を示す看板（かん）が見える。

④ 母が **婦人服** を買う。

⑤ コップに **炭酸** 水を注ぐ。

⑥ 先生は、画家を **志** していたそうだ。

⑦ **旧友** のことは **潔白** だと信じている。

⑧ 水泳の **講習** を **再度** 受ける。

⑨ **製品** を工場で **点検** する。

教科書 下 76～87ページ

➡ うらのページに続くよ！

2 あてはまる漢字を書きましょう。〔　〕には漢字とひらがなを書きましょう。

52点（一つ4）

① 季節にかかわらず、食品の［えいせい］に気をつける。

② たんじょう日のケーキを［きんとう］に分ける。

③ ［せいけつ］な部屋は気持ちがよい。

④ わたしは国語の［じゅぎょう］が好きだ。

⑤ 道路の［ふっきゅう］まで二日かかった。

⑥ 車がバス［てい］を通り〔すぎる〕。

⑦ ［ぼうえき］について勉強し、［せいせき］を上げる。

⑧ 犬が体重の［そくてい］のと中で〔あばれる〕。

⑨ ［こうくう］チケットの売り上げを［ちょうさ］する。

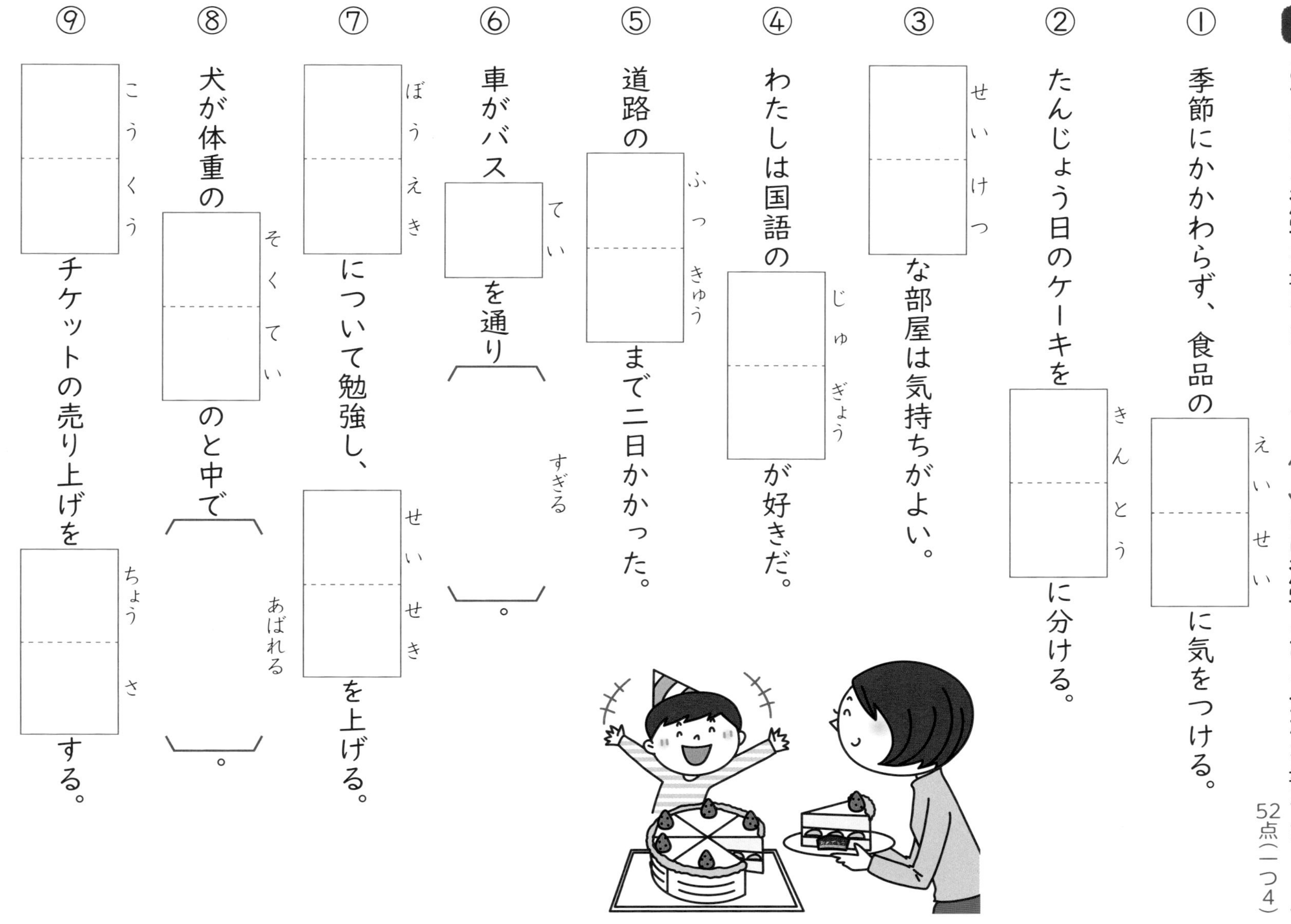

きほんのドリル 41 まんがの方法 (1)

時間 15分　合かく80点　/100

答え 103ページ　サクッとこたえあわせ

月　日

書いて覚えよう！

- 刊（カン）教90ページ　5画　はねる　刊刊刊刊刊　りっとう　週刊（しゅうかん）　朝刊（ちょうかん）　増刊（ぞうかん）　発刊（はっかん）
- 個（コ）教92ページ　10画　つける　個個個個個個個個個個　にんべん　一個（いっこ）　個人（こじん）　個数（こすう）　個性（こせい）
- 破（ハ・やぶる・やぶれる）教92ページ　10画　はなす　破破破破破破破破破破　いしへん　走破（そうは）　読破（どくは）　紙を破る（かみをやぶる）　本が破れる（ほんがやぶれる）
- 素（ソ）教94ページ　10画　とめる　素素素素素素素素素素　いと　要素（ようそ）　素質（そしつ）　炭素（たんそ）　質素（しっそ）
- 独（ドク・ひとり）教98ページ　9画　出る　独独独独独独独独独　けものへん　独特（どくとく）　独立（どくりつ）　独り立ち（ひとりだち）

1 読みがなを書きましょう。 28点（一つ4）

① 週刊（　　）の雑誌。
② リンゴを一個（　　）食べる。
③ 個人（　　）の意見。
④ 走破（　　）する。
⑤ 書類を破（　　）る。
⑥ 危険な要素（　　）。
⑦ 独特（　　）な味がする。

教科書 下 90～103ページ

うらのページに続くよ！

2 あてはまる漢字を書きましょう。

72点（一つ9）

① いくつかの［ちょうかん］の紙面をよみ比べる。

② 売れ行きがよいので、［ぞうかん］号が出ることになった。

③ 五人分配るには［こすう］が足りない。

④ 初めて一さつの本を［どくは］する。

⑤ 大事にしていたシャツを［やぶ］って落ちこむ。

⑥ 兄にはプロのサッカー選手になる［そしつ］がある。

⑦ 理科の実験で、二酸化［たんそ］を使う。

⑧ ［どくりつ］して新しい会社をつくる。

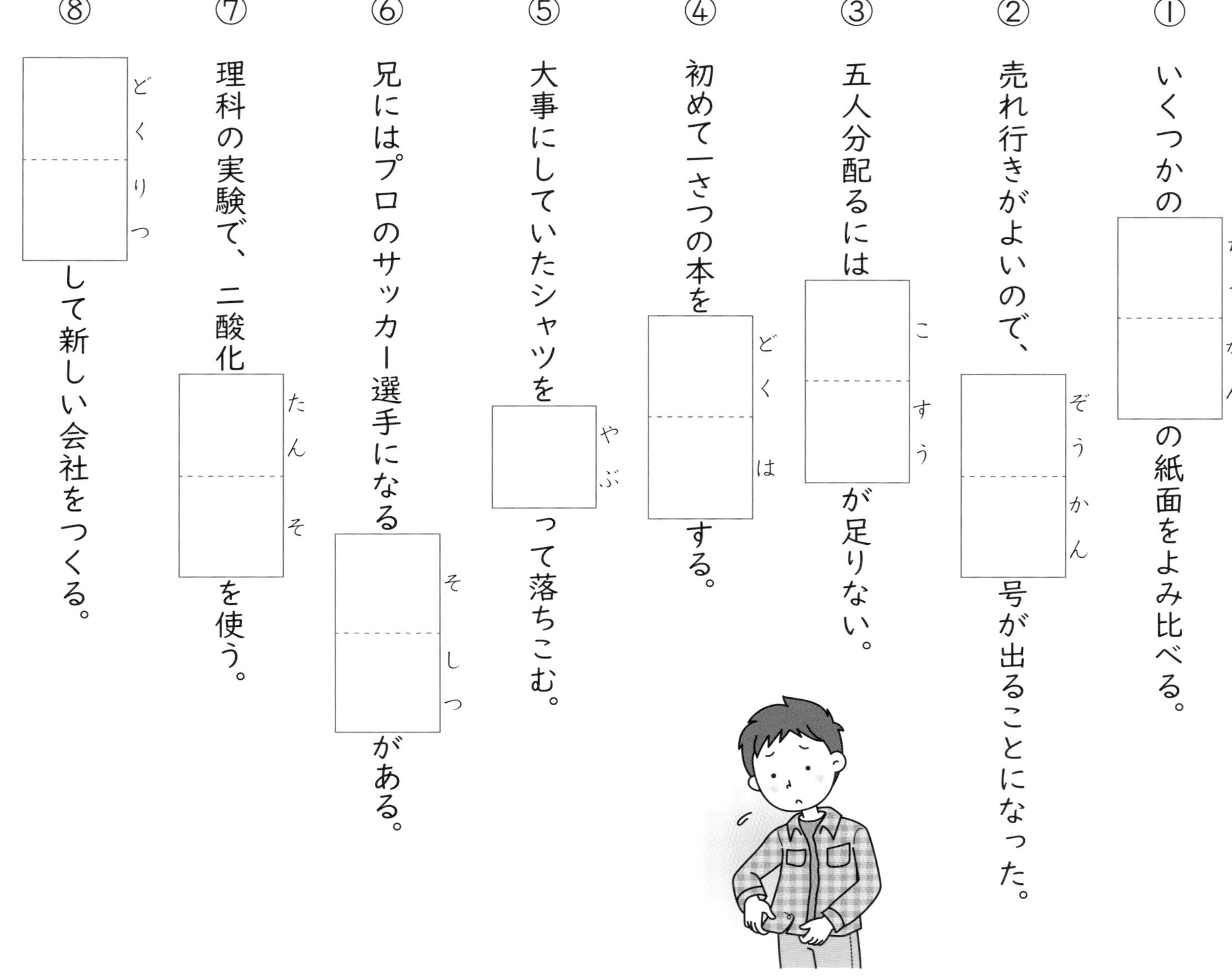

ヒント 2 ①・②「かん」の3画目は、上につき出さないように注意しましょう。

きほんのドリル 42。

まんがの方法 (2)

時間15分 合かく80点 /100

サクッとこたえあわせ 答え103ページ

月　日

書いて覚えよう！

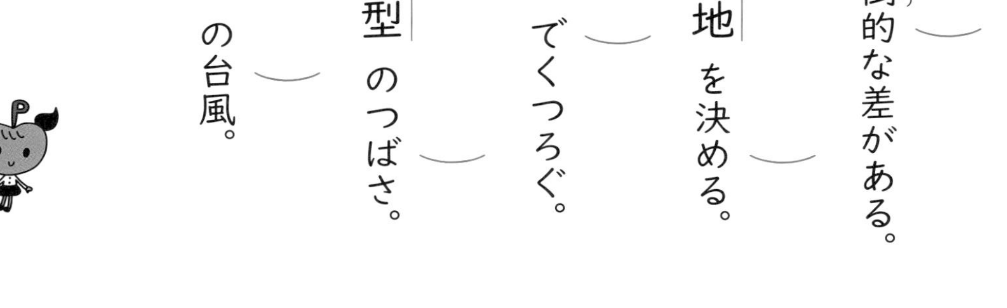

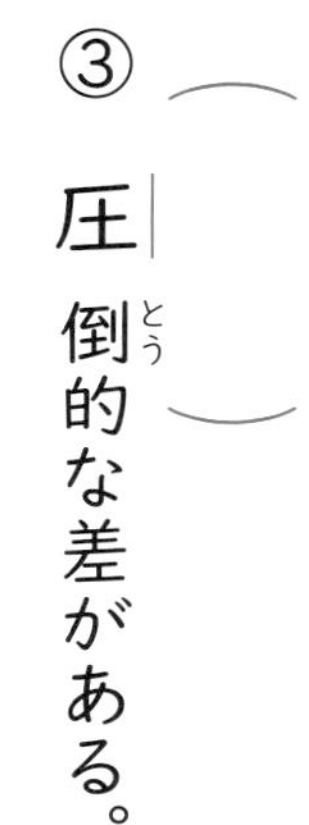

教102ページ 益（エキ） はらう 10画 公益性（こうえきせい） 有益（ゆうえき） 不利益（ふりえき） 益（さら）

教102ページ 義（ギ） わすれずに 13画 正義感（せいぎかん） 講義（こうぎ） 正義（せいぎ） 義理（ぎり） 意義（いぎ） 義（ひつじ）

教102ページ 圧（アツ） はなす 5画 圧倒的（あっとうてき） 高気圧（こうきあつ） 圧力（あつりょく） 圧（つち）

教102ページ 居（キョ・いる） つける 8画 居住地（きょじゅうち） 転居（てんきょ） 居間（いま） 居場所（いばしょ） 居（かばね・しかばね）

教102ページ 型（ケイ・かた） はねる 9画 流線型（りゅうせんけい） 原型（げんけい） 大型（おおがた） 型紙（かたがみ） 型（つち）

1 読みがなを書きましょう。 28点（一つ4）

① 公益性（　　）の高い仕事。

② 正義感（　　）が強い。

③ 圧（　　）倒的な差がある。

④ 居住地（　　）を決める。

⑤ 居間（　　）でくつろぐ。

⑥ 流線型（　　）のつばさ。

⑦ 大型（　　）の台風。

うらのページに続くよ！

2 あてはまる漢字を書きましょう。

72点（一つ9）

① 夏休みの時間を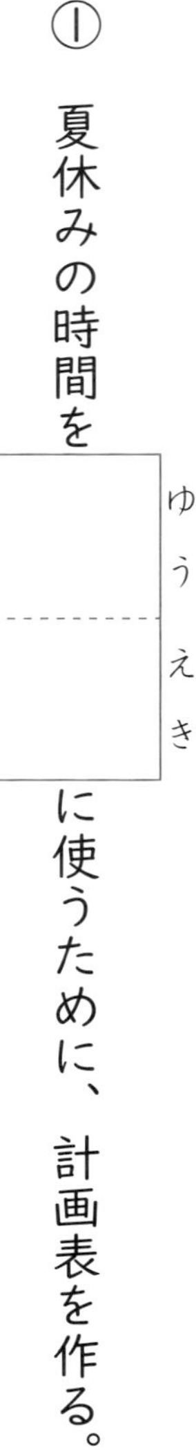（ゆうえき）に使うために、計画表を作る。

② 兄が大学で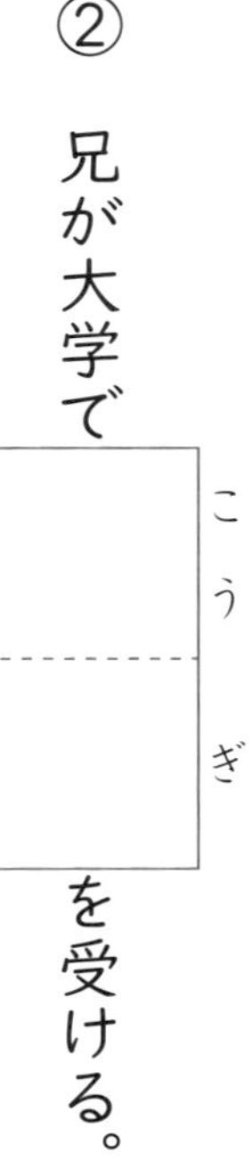（こうぎ）を受ける。

③ （せいぎ）のヒーローが活やくする映画（えい）を見る。

④ 週末は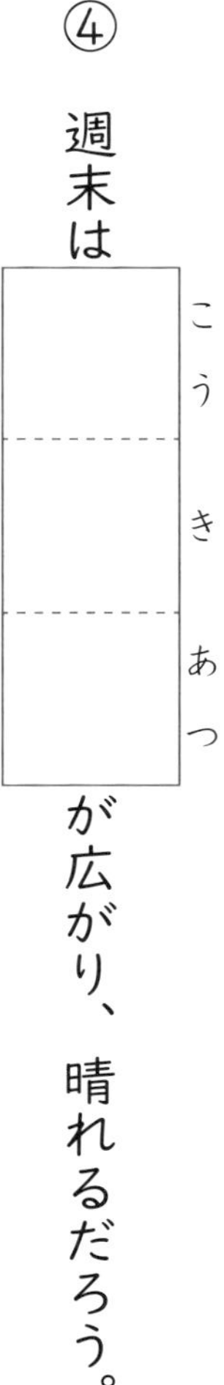（こうきあつ）が広がり、晴れるだろう。

⑤ 家族が増えたので、大きな家に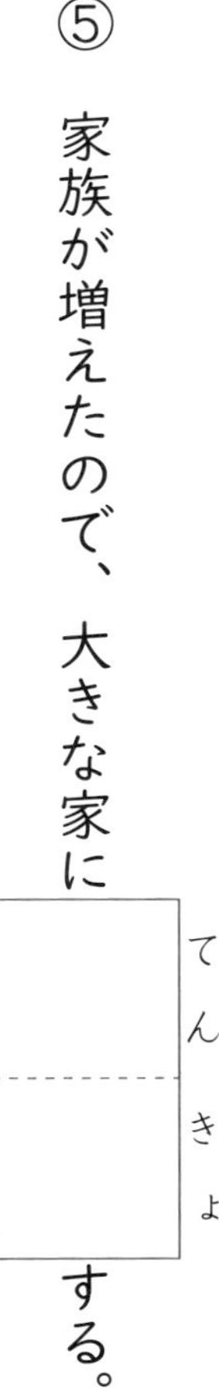（てんきょ）する。

⑥ 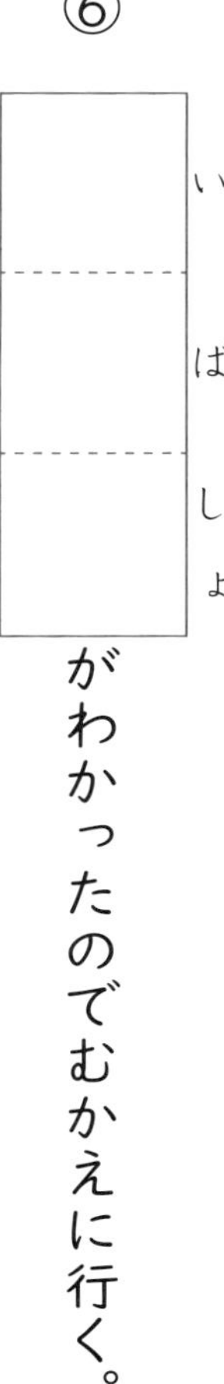（いばしょ）がわかったのでむかえに行く。

⑦ ねん土で作品の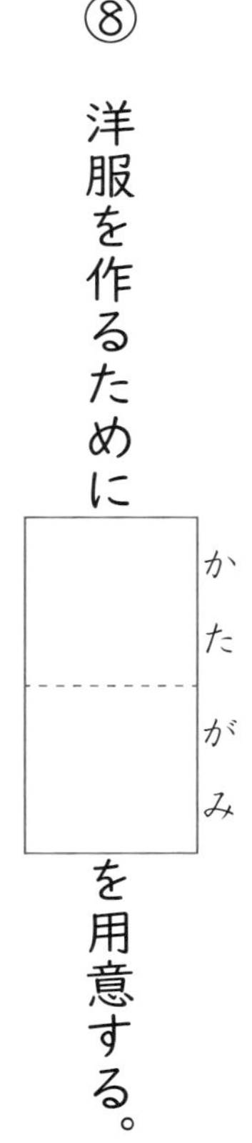（げんけい）を作る。

⑧ 洋服を作るために（かたがみ）を用意する。

ヒント ❷②・③「ぎ」は、「議」と書かないように注意しましょう。

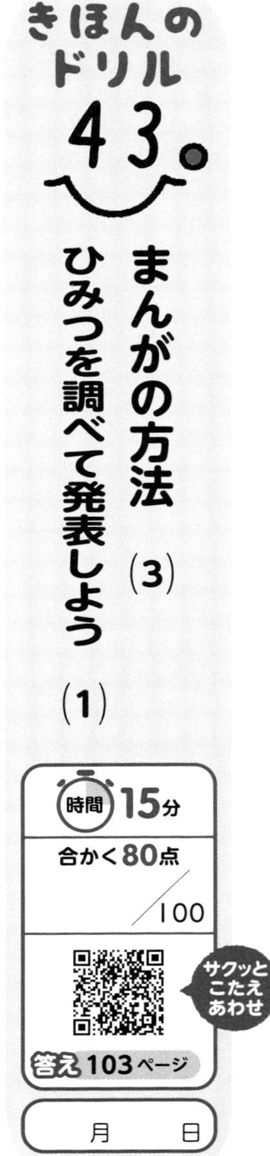

きほんのドリル 43

まんがの方法 (3) ひみつを調べて発表しよう (1)

時間 15分　合かく80点　/100

答え103ページ　サクッとこたえあわせ

月　日

書いて覚えよう！

液（教102ページ）エキ　たてに
11画　液液液液液液液液液液液
液状化（えきじょうか）　血液（けつえき）　液体（えきたい）
液（さんずい）

禁（教102ページ）キン　出ない
13画　禁禁禁禁禁禁禁禁禁禁禁禁禁
禁止事項（きんしじこう）　解禁（かいきん）　外出（がいしゅつ）を禁（きん）じる
禁（しめす）

賛（教105ページ）サン　とめる
15画　賛賛賛賛賛賛賛賛賛賛賛賛賛賛賛
賛成（さんせい）　賛同（さんどう）　賛意（さんい）　協賛（きょうさん）
賛（こがい）

絶（教105ページ）ゼツ　たえる　たやす　たつ　上にはねる
12画　絶絶絶絶絶絶絶絶絶絶絶絶
絶滅（ぜつめつ）　絶好（ぜっこう）　食料（しょくりょう）が絶（た）える
絶（いとへん）

告（教109ページ）コク　つげる　長く
7画　告告告告告告告
報告（ほうこく）　広告（こうこく）　番号（ばんごう）を告（つ）げる
告（くち）

読んで覚えよう！

●…読み方が新しい漢字　＝…送りがな

一（教102ページ）イチ　イツ　ひと　ひとつ

1 読みがなを書きましょう。 20点（一つ4）

① 地面が液状化する。（　　）

② 禁止事項（こう）を守る。（　　）

③ 意見に賛成する。（　　）

④ 絶滅（めつ）した生き物。（　　）

⑤ 結果を報告する。（　　）

← うらのページに続くよ！

教科書 下90～109ページ

2 あてはまる漢字を書きましょう。

80点（一つ10）

① ［けつえき］型を調べたら母とおなじA（エー）型だった。

② 情報が［かいきん］される日を心待ちにする。

③ クラスの半数以上の［さんどう］を得る。

④ ［ぜっこう］のチャンスをものにする。

⑤ 台風で作物が育たなかったので、食料が［た］えないか心配だ。

⑥ ［こうこく］で見たアイスクリームを買いに行く。

⑦ 授業の終わりを［つ］げるチャイムが鳴る。

⑧ 本のならびに［とういつせい］がないので、整理をする。

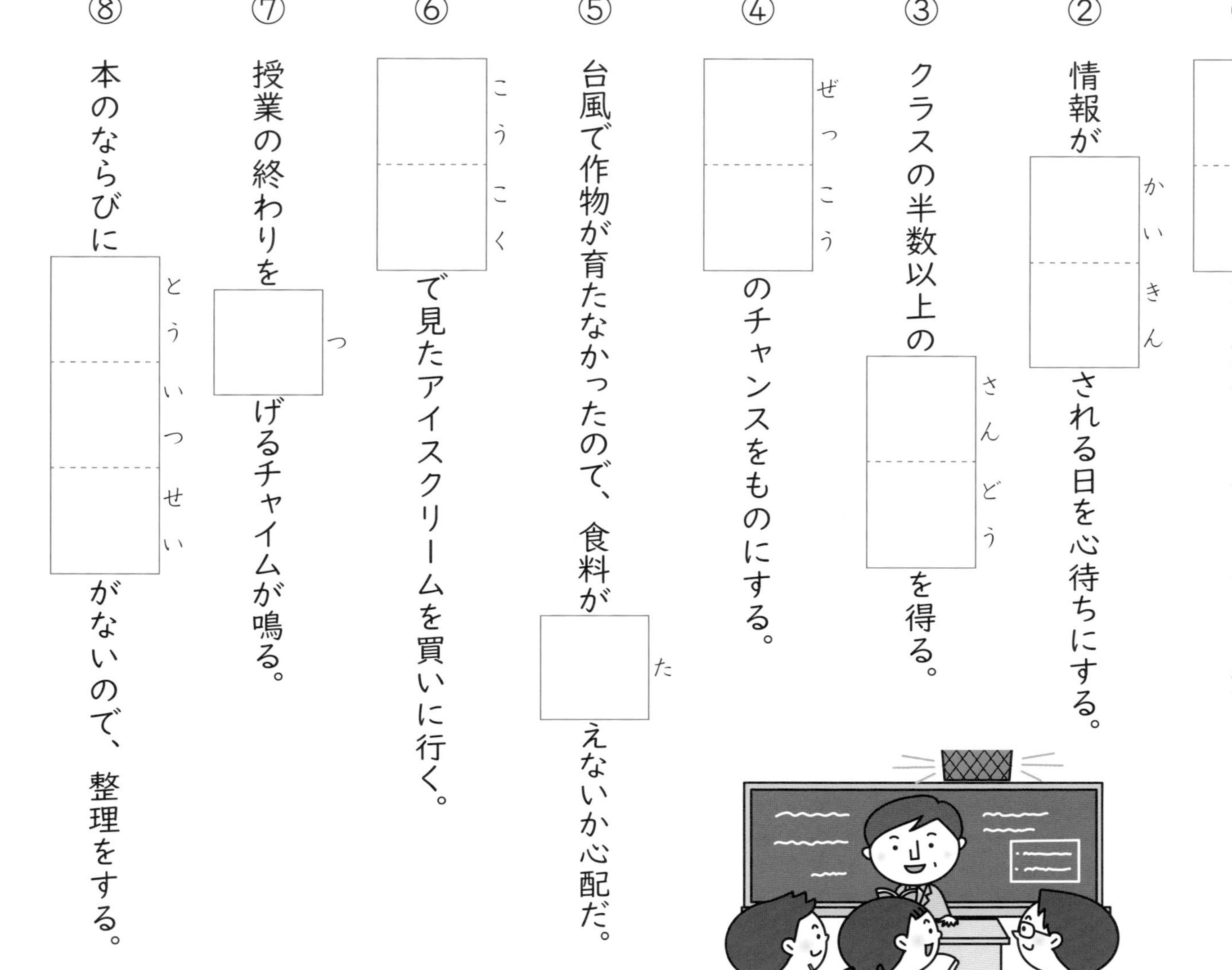

ヒント 2 ④「こう」は、「交」と書かないように注意しましょう。

ひみつを調べて発表しよう (2)
送りがなのきまり (1)

書いて覚えよう！

総（ソウ）　教109ページ　はなす
14画　総総総総総総総総総総総総総総
総合的（そうごうてき）　総理大臣（そうりだいじん）
糸（いとへん）

桜（さくら）　教111ページ　とめる
10画　桜桜桜桜桜桜桜桜桜桜
桜の木（さくらのき）　山桜（やまざくら）　葉桜（はざくら）
木（きへん）

仏（ブツ・ほとけ）　教111ページ　とめる
4画　仏仏仏仏
大仏（だいぶつ）　念仏（ねんぶつ）　仏教（ぶっきょう）　仏様（ほとけさま）
亻（にんべん）

妻（サイ・つま）　教111ページ　出る
8画　妻妻妻妻妻妻妻妻
夫妻（ふさい）　愛妻（あいさい）　妻と出かける（つまとでかける）
女（おんな）

舎（シャ）　教111ページ　長く
8画　舎舎舎舎舎舎舎舎
校舎（こうしゃ）　宿舎（しゅくしゃ）　駅舎（えきしゃ）
口（くち）

1 読みがなを書きましょう。 28点（一つ4）

① 総合的（　　）に見る。

② 桜（　　）の木が目印だ。

③ 大仏（　　）を見に行く。

④ 仏様（　　）のような顔。

⑤ 知り合いの 夫妻（　　）。

⑥ 妻（　　）をしょうかいする。

⑦ 古い 校舎（　　）をこわす。

← うらのページに続くよ！

❷ あてはまる漢字を書きましょう。

72点（一つ9）

① ［そうりだいじん］になって、日本をよい国にしたい。

② ソメイヨシノは、［やまざくら］に比べて花の色がうすい。

③ 花が散り始めて、［はざくら］の季節がやってきた。

④ 「なむあみだぶつ」と［ねんぶつ］を唱える。

⑤ ［ほとけさま］におそなえをする。

⑥ ［つま］と買い物に行く。

⑦ 野外活動を終えて［しゅくしゃ］にもどる。

⑧ やまおくの［えきしゃ］をそうじする。

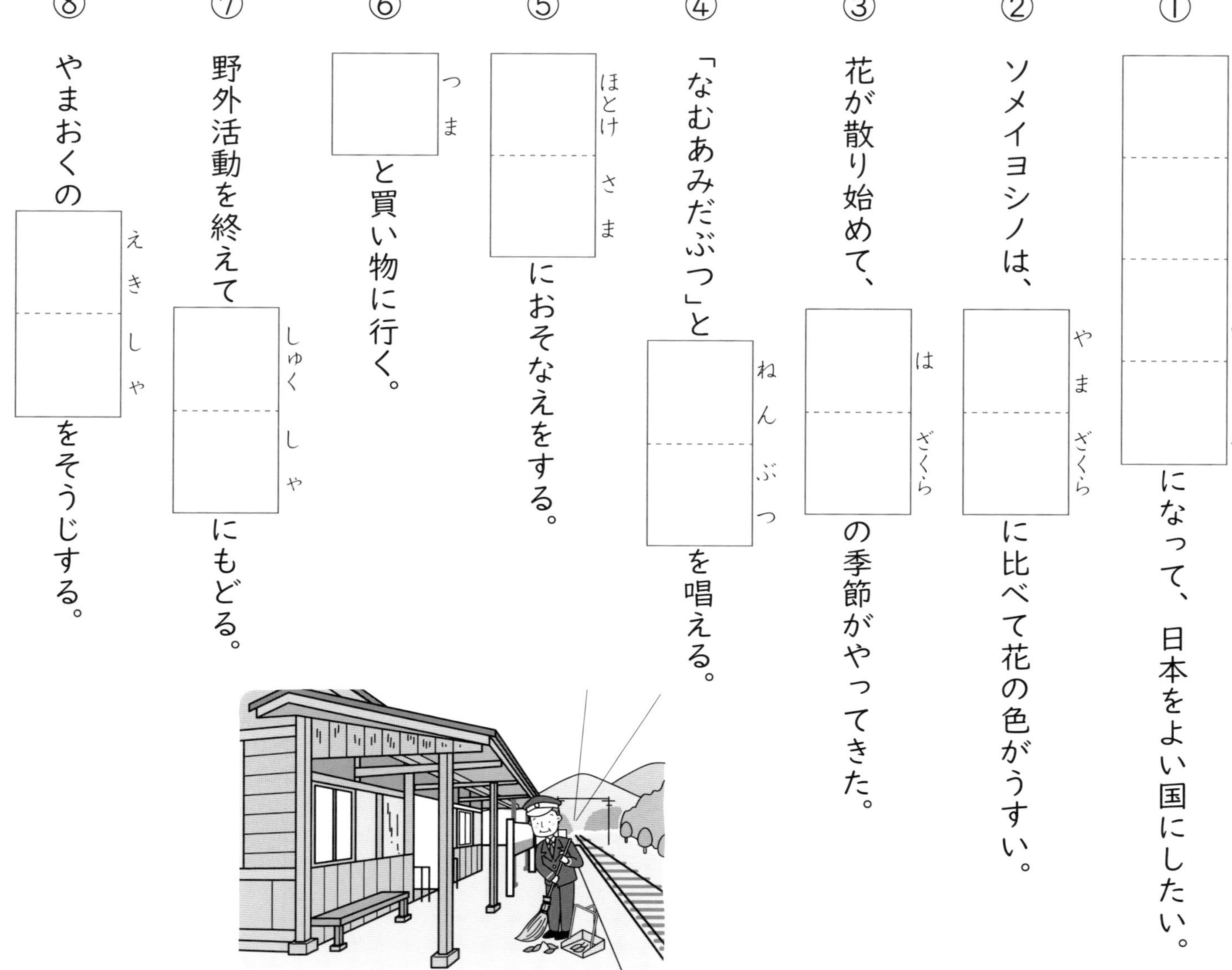

ヒント ❷ ⑥「つま」の5画目は、上につき出して書きましょう。

きほんのドリル 45。

送りがなのきまり（2）

時間 15分
合かく80点 ／100
サクッとこたえあわせ
答え103ページ
月　日

書いて覚えよう！

教111ページ
鉱 コウ（とめる）
13画 かねへん
鉱山（こうざん）　鉄鉱石（てっこうせき）　炭鉱（たんこう）　鉱物（こうぶつ）

教111ページ
銅 ドウ（はねる）
14画 かねへん
銅（どう）　銅メダル（どう）　銅貨（どうか）　銅像（どうぞう）

教111ページ
脈 ミャク（とめる）
10画 にくづき
脈（みゃく）　山脈（さんみゃく）　人脈（じんみゃく）　水脈（すいみゃく）　脈拍（みゃくはく）

教111ページ
輸 ユ（とめる）
16画 くるまへん
輸入業（ゆにゅうぎょう）　輸出（ゆしゅつ）　輸送（ゆそう）　運輸（うんゆ）

教111ページ
則 ソク（はねる）
9画 りっとう
規則（きそく）　原則（げんそく）　反則（はんそく）　法則（ほうそく）

1 読みがなを書きましょう。　28点（一つ4）

① 日本の 鉱山。（　　）
② 型に 銅 を流しこむ。（　　）
③ 脈 を取る。（　　）
④ 山脈 が連なる。（　　）
⑤ 輸入業 を営む。（　　）
⑥ 規則 を守る。（　　）
⑦ 全員参加が 原則 だ。（　　）

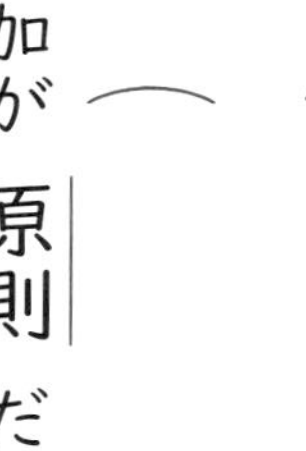

うらのページに続くよ！

教科書 下 110～111ページ

2 あてはまる漢字を書きましょう。

72点（一つ9）

① 〔てっこうせき〕がよく採れる国を、社会の教科書で調べる。

② 昔、海外の〔たんこう〕で働いていた経験がある。

③ オリンピックで三位になり、〔どう〕メダルをもらう。

④ 祖（そ）父が集めた外国の〔どうか〕などを見せてもらう。

⑤ いろいろなひとたちと交流をして、〔じんみゃく〕を築（きず）く。

⑥ 雨が地下の〔すいみゃく〕をたどって、川に流れこむ。

⑦ 外国に自動車を〔ゆしゅつ〕する。

⑧ しんぱんに〔はんそく〕を取られた。

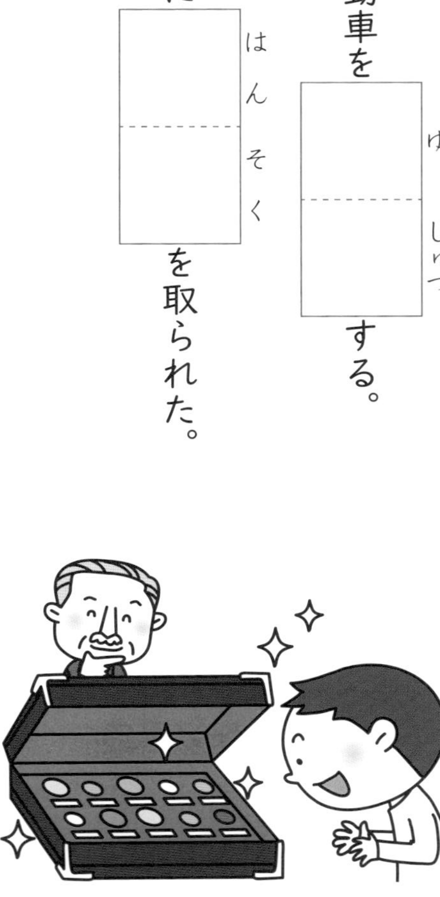

2 ⑧「そく」は、「氵」をつけないように注意しましょう。

きほんのドリル 46。

送りがなのきまり (3)

みすゞ(ず)さがしの旅 ——みんなちがって、みんないい (1)

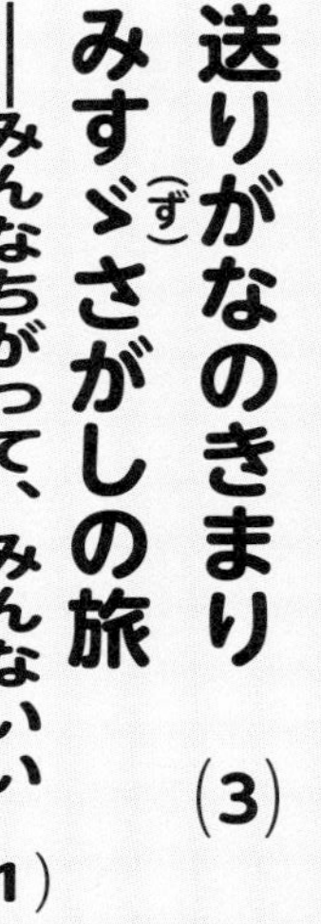

時間 15分　合かく80点　/100

答え103ページ

サクッとこたえあわせ

月　日

書いて覚えよう！

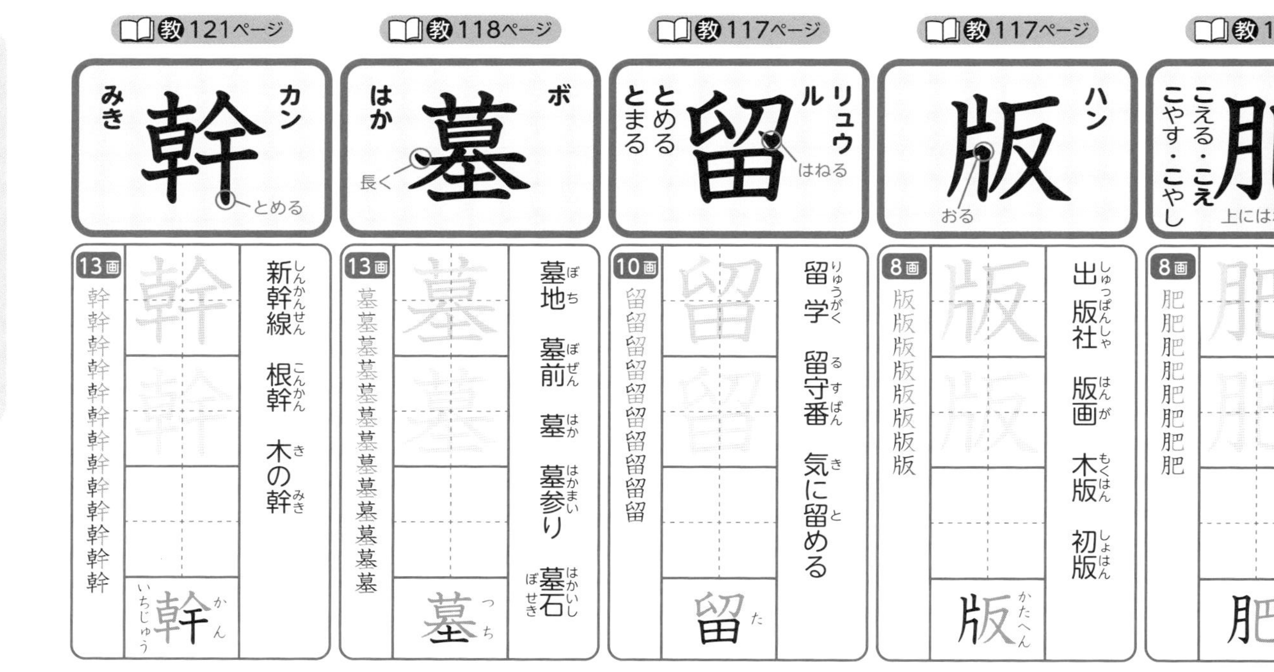

漢字	読み	画数	筆順	言葉	教科書
肥	ヒ／こえる・こえ／こやす・こやし（上にはねる）	8画	肥肥肥肥肥肥肥肥	肥料(ひりょう)　肥満(ひまん)　土(つち)が肥(こ)える　肥(こ)やす　（にくづき）	教111ページ
版	ハン（おる）	8画	版版版版版版版版	出版社(しゅっぱんしゃ)　版画(はんが)　木版(もくはん)　初版(しょはん)　（かたへん）	教117ページ
留	リュウ・ル／とめる・とまる（はねる）	10画	留留留留留留留留留留	留学(りゅうがく)　留守番(るすばん)　気(き)に留(と)める　（た）	教117ページ
墓	ボ／はか（長く）	13画	墓墓墓墓墓墓墓墓墓墓墓墓墓	墓地(ぼち)　墓前(ぼぜん)　墓(はか)　墓参(はかまい)り　墓石(はかいし／ぼせき)　（つち）	教118ページ
幹	カン／みき（とめる）	13画	幹幹幹幹幹幹幹幹幹幹幹幹幹	新幹線(しんかんせん)　根幹(こんかん)　木(き)の幹(みき)　（かん／いちじゅう）	教121ページ

1 読みがなを書きましょう。　28点(一つ4)

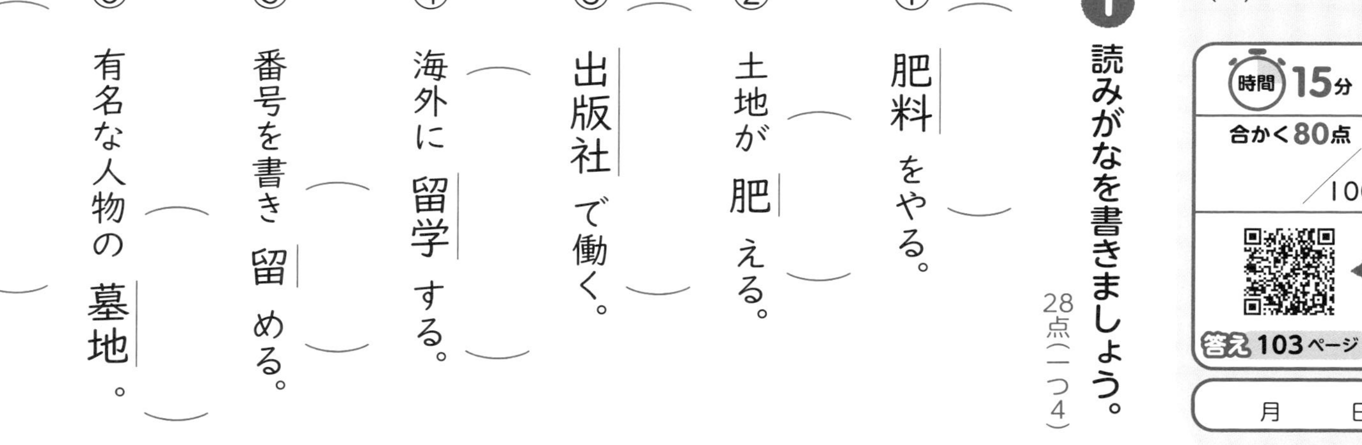

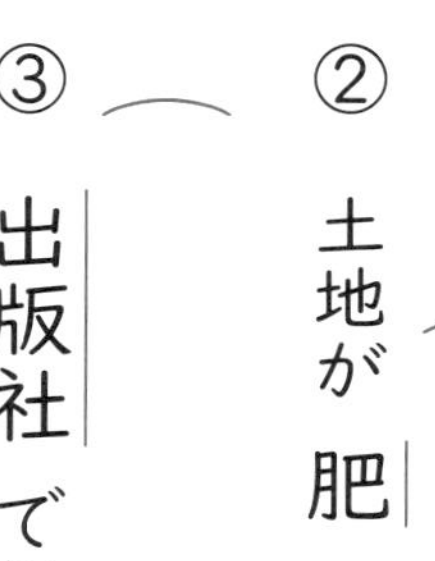

① 肥料（　　）をやる。

② 土地が肥（　　）える。

③ 出版社（　　）で働く。

④ 海外に留学（　　）する。

⑤ 番号を書き留（　　）める。

⑥ 有名な人物の墓地（　　）。

⑦ 新幹線（　　）に乗る。

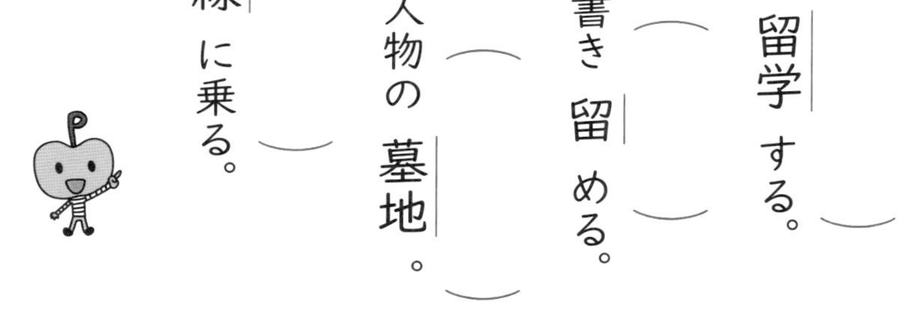

教科書 下110〜133ページ

← うらのページに続くよ！

2 あてはまる漢字を書きましょう。

72点（一つ9）

① 食生活に注意して、［ひまん］を防止する。

② 農地を広げるために、土地を［こ］やす。

③ 図工の時間にみんなで［はんが］をほる。

④ 親が仕事で出かけているので、家で［るすばん］をする。

⑤ 先生が説明していたことを、心に［と］めておく。

⑥ 有名な作家の［はかいし］が建てられる。

⑦ 物事の［こんかん］を見失ってはいけない。

⑧ 木の［みき］にいるカブトムシをつかまえる。

ヒント ❷ ⑥「はかいし」は、「ぼせき」と音読みすることもあります。

きほんのドリル 47。

みすゞ(ず)さがしの旅 ――みんなちがって、みんないい (2)

時間 15分　合かく80点　/100

答え 103ページ

月　日

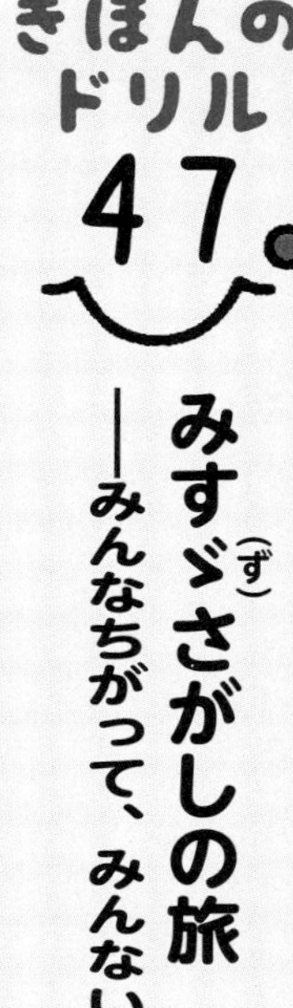
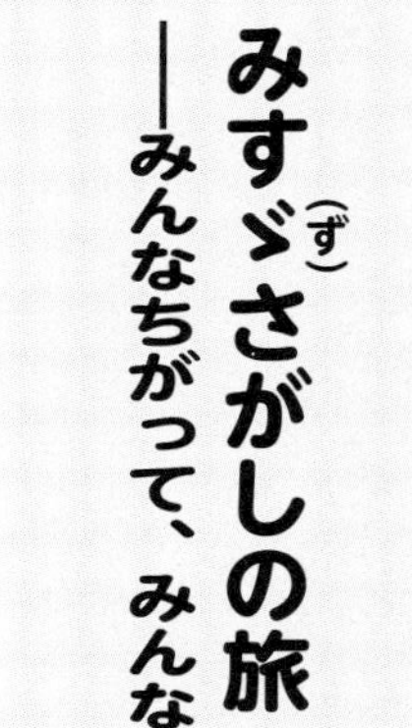
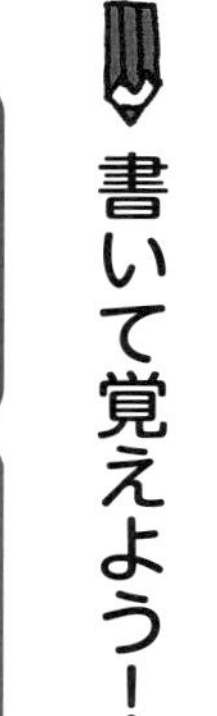

書いて覚えよう！

団（教 122ページ）ダン
はねる
6画　団団団団団団
くにがまえ
劇団（げきだん）　団体（だんたい）　団子（だんご）　消防団（しょうぼうだん）

務（教 122ページ）ム　つとめる　つとまる
はねる
11画　務務務務務務務務務務務
ちから
事務（じむ）　業務（ぎょうむ）　司会（しかい）を務（つと）める

祖（教 125ページ）ソ
出る
9画　祖祖祖祖祖祖祖祖祖
しめすへん
祖母（そぼ）　祖先（そせん）　祖父（そふ）　先祖（せんぞ）

在（教 128ページ）ザイ　ある
つけ方注意
6画　在在在在在在
つち
存在（そんざい）　現在（げんざい）　所在地（しょざいち）　県内（けんない）に在（あ）る

費（教 132ページ）ヒ
はねる
12画　費費費費費費費費費費費費
こがい　かい
費用（ひよう）　交通費（こうつうひ）　食費（しょくひ）

1 読みがなを書きましょう。

28点（一つ4）

① 劇（げき）団に入る。（　　）

② 事務の仕事。（　　）

③ 委員長を務める。（　　）

④ 祖母の家。（　　）

⑤ 世の中に存（そん）在する。（　　）

⑥ 関東に在る名所。（　　）

⑦ 費用を出す。（　　）

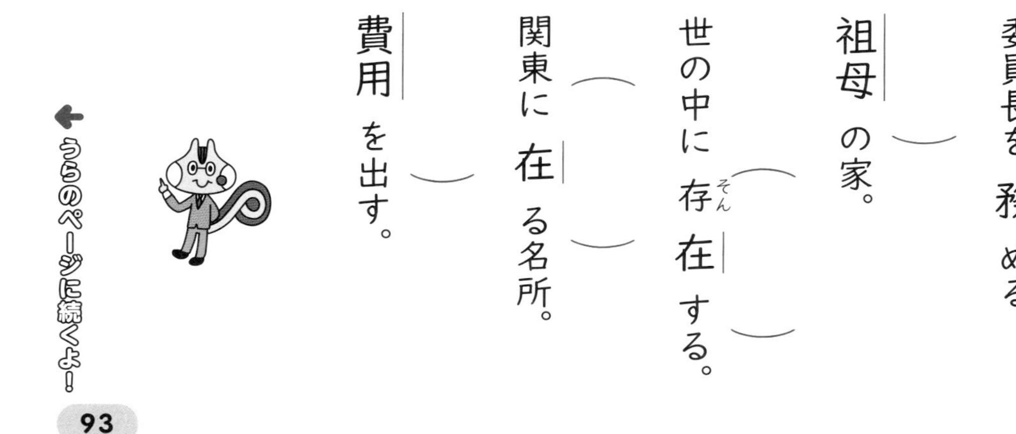

← うらのページに続くよ！

教科書 下 114～133ページ

2 あてはまる漢字を書きましょう。

72点（一つ9）

① ［だんたい］で、温泉（せん）地を観光する。

② 家に帰って、おやつの［だんご］を食べる。

③ 会社では熱意をもって、自分の［ぎょうむ］にあたる。

④ 今回の会議はわたしが進行役を［つと］める。

⑤ ［そせん］が守り続けてきた店をつぐ。

⑥ 友達に［げんざい］の時こくをたずねる。

⑦ これからも、他人に親切な人で［あ］り続ける。

⑧ 目的地までの［こうつうひ］をあらかじめ調べておく。

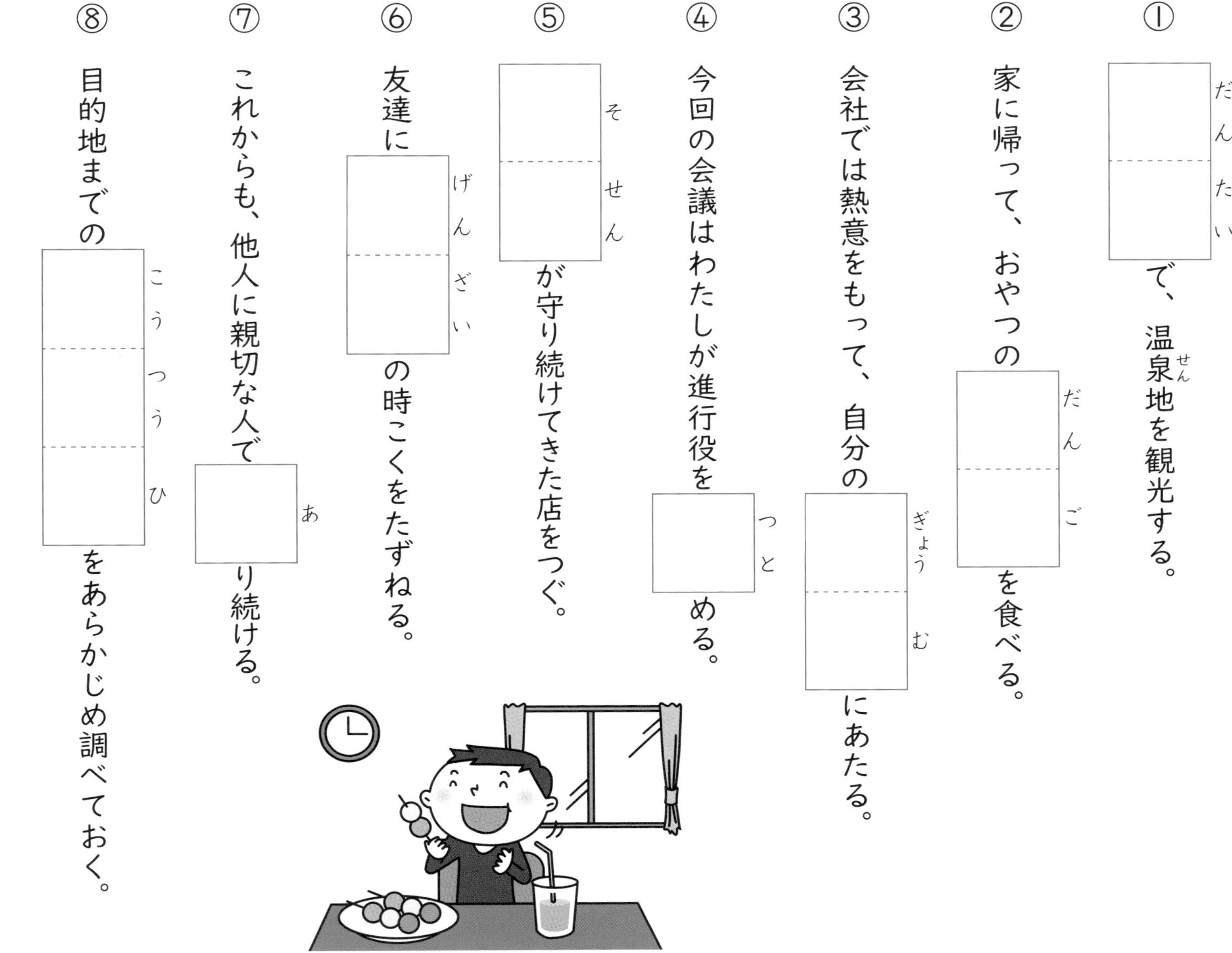

ヒント ２ ⑥・⑦「ざい」「ある」の３画目は、２画目からつき出して書きましょう。

きほんのドリル 48 みすゞ(ず)さがしの旅 ——みんなちがって、みんないい (3)

時間 15分
合格80点
/100
サクッと こたえ あわせ
答え104ページ
月　日

書いて覚えよう！

教132ページ
余 ヨ　あまる　あます　（はねる）
7画　余余余余余余余
余分（よぶん）　余計（よけい）　余力（よりょく）　時間が余る（じかんがあまる）
余（ひとやね）

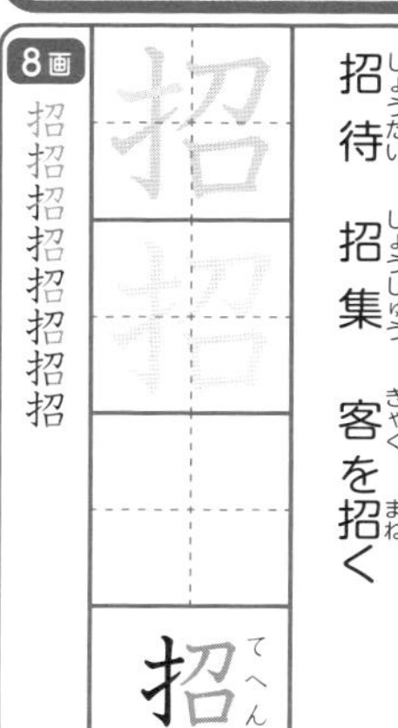

教132ページ
招 ショウ　まねく　（出ない）
8画　招招招招招招招招
招待（しょうたい）　招集（しょうしゅう）　客を招く（きゃくをまねく）
招（てへん）

教132ページ
格 カク　（「又」ではない）
10画　格格格格格格格格格格
性格（せいかく）　体格（たいかく）　格別（かくべつ）　人格（じんかく）　不格好（ぶかっこう）
格（きへん）

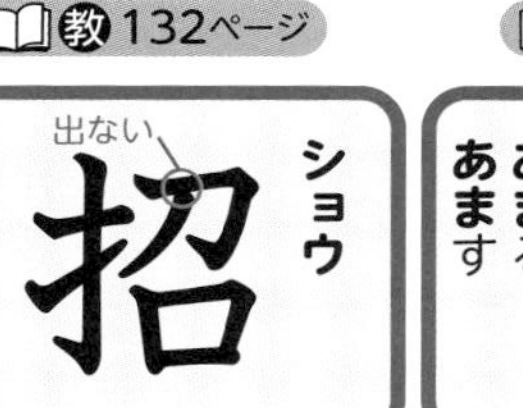

「招」には、「ショウ」と読んで形の似た字があります。

「昭」「照」などだね。

読んで覚えよう！

●…読み方が新しい漢字

教132ページ
絵 カイ　エ

1 読みがなを書きましょう。 20点（一つ4）

① 余分なお金。（　　）
② 余りの品。（　　）
③ 家族を招待する。（　　）
④ 会場に招く。（　　）
⑤ やさしい性格。（　　）

教科書 下114〜133ページ

← うらのページに続くよ！

❷ あてはまる漢字を書きましょう。

80点（一つ10）

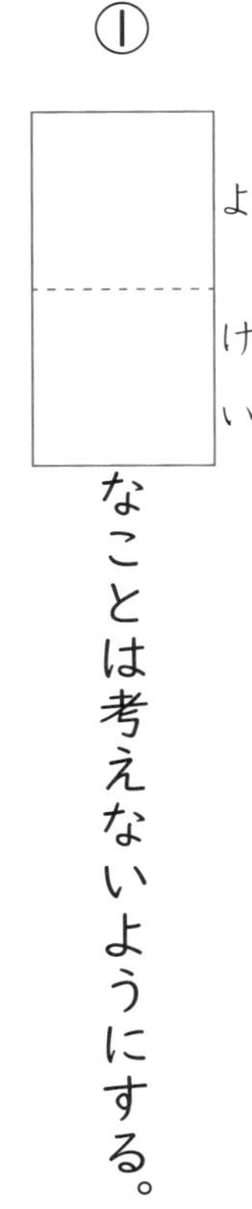

① □□なことは考えないようにする。

② 試合の後半に向けて、□□を残す。

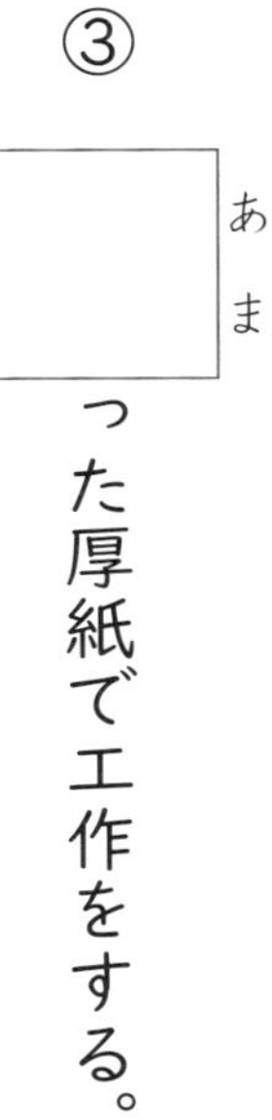

③ □った厚紙で工作をする。

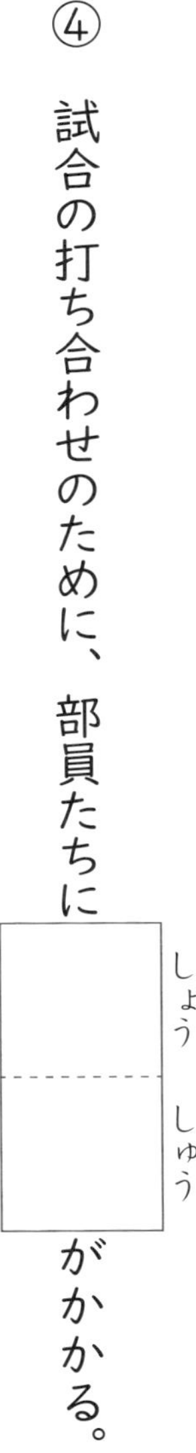

④ 試合の打ち合わせのために、部員たちに□□がかかる。

⑤ 友人のホームパーティーに□かれる。（まね）

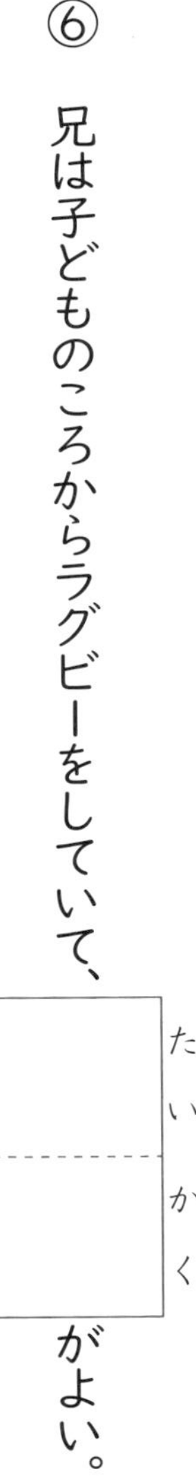

⑥ 兄は子どものころからラグビーをしていて、□□がよい。

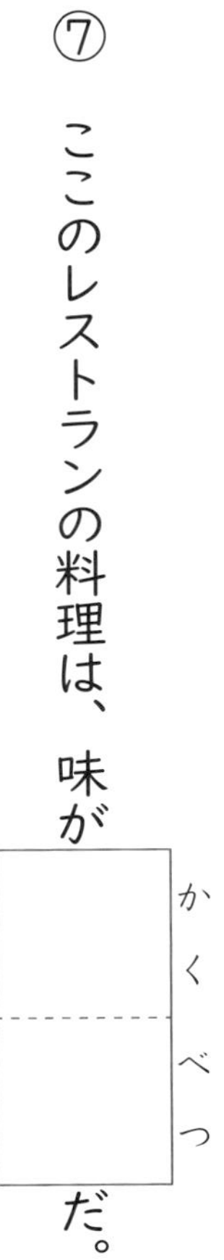

⑦ ここのレストランの料理は、味が□□だ。

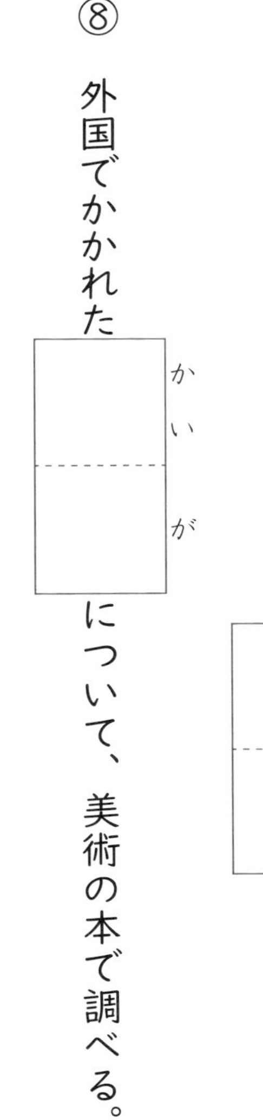

⑧ 外国でかかれた□□について、美術の本で調べる。

ヒント ❷ ④・⑤「しょう」「まねく」は、「昭」と書かないように注意しましょう。

五年生で習った漢字と言葉

時間 20分
合格80点
／100
サクッとこたえあわせ
答え 104ページ
月　日

1 漢字の読みがなを書きましょう。
16点（一つ2）

① 電車が 混（　）む。
② 大型（　）の車を運転する。
③ いねが 豊（　）かに実る。
④ ちゅう車を 禁止（　）する。
⑤ 授業（　）で発表する。
⑥ 校舎（　）を建てる。
⑦ 義務（　）を果たす。
⑧ 祖父（　）に電話をする。

2 あてはまる漢字を書きましょう。
24点（一つ3）

① □□（かいてき）な部屋。
② 氷が □□（えきたい）になる。
③ 話を □□（ちゅうだん）する。
④ □（さくら）もちを食べる。
⑤ □□（どくとく）の味がする。
⑥ □□（しゅっぴ）がかさむ。
⑦ 強い □□（あつりょく）がかかる。
⑧ □□（よぶん）に用意する。

うらのページに続くよ！

3 次の上と下の──線の熟語(じゅく)は同じ読み方をします。□に入る漢字を書きましょう。 24点(一つ3)

① 公開─長い□海に出る。 □

② 意志─医□になる。 □

③ 鉱石─功□を示す。 □

④ 賛成─□性雨がふる。 □

⑤ 防風林─□風警(けい)報 □

⑥ 照明─身分□明書 □

⑦ 先生─先□点を取る。 □

⑧ 校歌─□果が出る。 □

4 次の言葉の反対の意味の言葉を、〔　〕の漢字を組み合わせて書きましょう。 16点(一つ4)

① 損失↕（　　）　② 輸入↕（　　）

③ 個人↕（　　）　④ 安価↕（　　）

〔 利　価　輸　体　益　団　出　高 〕

5 次の漢字の総画数を、漢数字で書き、意味を表す部分のよび名（部首名）を〔　〕から選んで書きましょう。 20点(完答一つ5)

① 綿（　　　画・　　　）　② 務（　　　画・　　　）

③ 墓（　　　画・　　　）　④ 慣（　　　画・　　　）

〔 いとへん　くさかんむり　つち　ちから　りっしんべん 〕

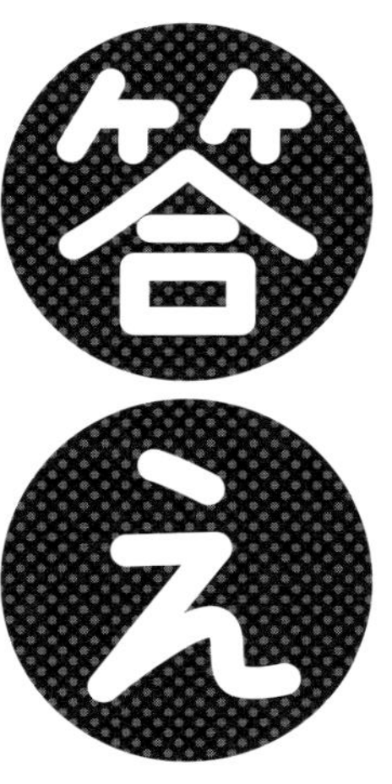

●まちがっていたら、必ずもう一度やり直しましょう。考え方やアドバイスも読み直しましょう。

1. 漢字のふく習 1~2ページ

1 ①しかい ②じてん ③でんき ④はいち ⑤せんそう ⑥じゅんばん ⑦ぶんるい ⑧しっぱい

2 ①成功 ②信念 ③楽器 ④観察 ⑤種 ⑥季節 ⑦群馬 ⑧反省

3 ①きょうりょく ②まと ③はたら ④りょうこう ⑤しゅくふく ⑥たんい ⑦もくひょう ⑧りょう ⑨きぼう ⑩やくそく

4 ①英語 ②借りる ③重要 ④初めて ⑤熱中 ⑥席 ⑦便利 ⑧冷たい

2. きほんのドリル 3~4ページ

1 ①じょうやとう ②えいえん ③しゅうかん ④な ⑤しゅつげん ⑥こんごう ⑦こ

2 ①日常 ②常 ③永住 ④末永 ⑤慣 ⑥現 ⑦混 ⑧混

3. きほんのドリル 5~6ページ

1 ①はくじょう ②じょうたい ③せいたい ④まよ ⑤りきし ⑥へいし ⑦かんしゃ

2 ①形状 ②態度 ③迷 ④力士 ⑤博士 ⑥戦士 ⑦謝礼 ⑧感謝祭

4. きほんのドリル 7~8ページ

1 ①ひょうじょう ②じょうほう ③ないよう ④へんしゅう ⑤あ ⑥せいかく ⑦たし

2 ①感情 ②情 ③天気予報 ④報道 ⑤容器 ⑥編成 ⑦確実 ⑧確

5. きほんのドリル 9~10ページ

1 ①こうせい ②かま ③しゅうい ④かこ ⑤かいせつ ⑥と ⑦さいがい

2 ①構図 ②構 ③包囲 ④囲 ⑤解答 ⑥解 ⑦火災 ⑧天災

6. きほんのドリル 11~12ページ

1 ①ぎじゅつ ②しゅじゅつ ③しりょう ④かいせい ⑤こころよ ⑥ちしき ⑦いしき

2 ①競技 ②美術館 ③資材 ④資産 ⑤軽快 ⑥快 ⑦識別 ⑧常識

7. まとめのドリル 13~14ページ

1 ①えいえん ②こ ③じょうほう ④かこ ⑤えいようし ⑥かんしゃ ⑦ぎじゅつ・ちしき ⑧ないよう・りかい ⑨へんせい・こころよ

2 ①正常 ②慣れる ③現れた ④迷う ⑤確 ⑥混・構内 ⑦災害・情報 ⑧資・技術 ⑨快・状態

考え方

2 1 ①いつまでも続くことを表します。

2 ③「表」と書くとあやまりです。

⑧「術」の８画目の点をわすれずに書きましょう。

おうちの方へ

似た形の漢字を書いている場合、間違えて書いていても丸付けの際に気づかず、正解にしてしまうことがあります。

2 ①「常」の「⺌」を「⺍」としていないかを確かめるように伝えましょう。

8 きほんのドリル 15〜16ページ

1 ①じっさい ②ぎゃくてん ③さか ④いんしょう ⑤ぞう ⑥か ⑦ひじょう

2 ①国際化 ②逆算 ③逆 ④気象台 ⑤象 ⑥物価 ⑦定価 ⑧非常口

9 きほんのドリル 17〜18ページ

1 ①そうぞう ②そしき ③お ④しょうめい ⑤しょぞくさき ⑥たいひ ⑦くら

2 ①石像 ②画像 ③織 ④証言 ⑤証 ⑥金属 ⑦付属 ⑧比

10 きほんのドリル 19〜20ページ

1 ①しょくにん ②はんのう ③こた ④しつもん ⑤でんとうてき ⑥げんしょう ⑦へ

2 ①職業 ②応用 ③応 ④品質 ⑤統合 ⑥統計 ⑦減量 ⑧減

11 きほんのドリル 21〜22ページ

1 ①きじゅつ ②けいけん ③しじ ④しめ ⑤じゅんじょ ⑥こ ⑦こい

2 ①記述 ②述 ③経路 ④経 ⑤表示 ⑥示 ⑦序文 ⑧故

12 きほんのドリル 23〜24ページ

1 ①れきし ②せかいし ③せいしん ④せいまい ⑤にん ⑥おおぜい ⑦いきお

2 ①歴代 ②史上 ③精通 ④精 ⑤任命 ⑥任 ⑦勢力 ⑧勢

13 きほんのドリル 25〜26ページ

1 ①か ②とっきょ ③ゆる ④せきにん ⑤せ ⑥てきせつ ⑦にってい

2 ①貸 ②許 ③許 ④自責 ⑤責 ⑥適当 ⑦適度 ⑧音程

14 きほんのドリル 27〜28ページ

1 ①ふくごうご ②いどう ③うつ ④あつ ⑤あつがみ ⑥しいく ⑦か

2 ①複数 ②複 ③移住 ④移 ⑤厚 ⑥分厚 ⑦飼料 ⑧飼

15 夏休みのホームテスト 29〜30ページ

1 ①ぎゃくさんかくけい(ぎゃくさんかっけい) ②しいく ③しめ ④ないよう ⑤かさい ⑥いんしょう ⑦ぶあつ ⑧じっさい

2 ①解 ②比 ③任 ④順序 ⑤精度 ⑥現状 ⑦非常口 ⑧複数

3 ①忄 ②糸 ③言 ④氵 ⑤貝

4 ①校→構 ②職→識 ③述→術 ④乗→情

5 ①程 ②移 ③現 ④態 ⑤像 ⑥資

考え方

5 三つの漢字全てと熟語を作れる漢字を考えます。

おうちの方へ

5 熟語は、漢字を音読みする場合が多いですが、訓読みだけのものや、音読みと訓読みが交ざったものもあります。

16 きほんのドリル 31〜32ページ

1 ①だりつ ②ひき ③とうりょう ④むちゅう ⑤はつゆめ ⑥よろこ ⑦けん

2 ①確率 ②率 ③領土 ④夢想 ⑤夢 ⑥喜 ⑦険 ⑧険

17 きほんのドリル 33〜34ページ

1 ①しどう ②ほんのう ③けいりゃく ④きゅうじょ ⑤かべん

2 ①導入 ②導 ③能力 ④省略 ⑤救急車 ⑥救 ⑦弁明 ⑧真っ赤

18 きほんのドリル 35〜36ページ

1 ①どうどう ②ちょすいち ③ちょきん ④ぞうきばやし ⑤ざつおん

⑥さっぷうけい　⑦ころ

2 ①堂　②堂　③貯　④貯水池
⑤混雑　⑥雑　⑦必殺　⑧殺

19. きほんのドリル　37～38ページ

1 ①く　②ごく　③くてん　④とく
⑤とくい　⑥こころえ　⑦え

2 ①文句　②句　③取得　④体得　⑤得

20. きほんのドリル　39～40ページ

1 ①ぞうか　②ま　③ふ　④じゅんび
⑤せいび　⑥ゆうこう　⑦き

2 ①増　②増　③準決勝　④準　⑤整備
⑥備　⑦効力　⑧効

21. きほんのドリル　41～42ページ

1 ①かのうせい　②きょか　③しゅうせい
④ひょうか　⑤こうひょう　⑥ぼう
⑦ふせ

2 ①可決　②性別　③水性　④特性　⑤評
⑥書評　⑦予防　⑧防

22. きほんのドリル　43～44ページ

1 ①ぼうはん　②はんにん　③はんざい
④こくえい　⑤じんぞう　⑥つく
⑦しゅう

2 ①犯行　②無罪　③罪　④市営　⑤営
⑥造船　⑦造　⑧修理

23. きほんのドリル　45～46ページ

1 ①かだい　②こうぐ　③たがや
④めんふ（めんぷ）　⑤もうふ　⑥ぬの
⑦そんとく

2 ①仮説　②仮　③耕　④綿花　⑤綿　⑥布
⑦損害　⑧損失

24. きほんのドリル　47～48ページ

1 ①ほうふ　②ゆた　③えいきゅう　④ひさ
⑤しょうどく　⑥ちゅうどく

2 ①豊作　②豊　③豊　④持久走　⑤久
⑥有毒　⑦毒薬　⑧果物

25. まとめのドリル　49～50ページ

1 ①すく　②だりつ　③みちび
④りゃくず　⑤べんとう　⑥ころ
⑦く・とくい　⑧のうりょく・どうどう
⑨けわ・ゆめ

2 ①豊か・貯金　②雑　③夢中　④可能性
⑤準備　⑥犯罪・防ぎ　⑦営む・評価
⑧久・喜ぶ　⑨修学旅行

考え方

1 ④大事なところだけを簡単(かん)にかいた図のことです。

おうちの方へ

送りがなをあいまいにしないように注意させましょう。**2**の⑦「営む」は「営なむ」、⑧の「喜ぶ」は「喜こぶ」とする間違いが見られます。「営んで」「喜んで」など他の形も合わせて練習すると定着しやすくなります。

26. きほんのドリル　51～52ページ

1 ①ていげん　②してん　③ささ　④さい
⑤と　⑥ほごうんどう　⑦ご

2 ①提案　②支持　③支　④採点　⑤採
⑥保管　⑦保　⑥養護

27. きほんのドリル　53～54ページ

1 ①かこう　②きほん　③きせい　④きやく
⑤せいど　⑥せつ　⑦もう

2 ①銀河　②河　③基準　④定規（定木）
⑤規　⑥制服　⑦設置　⑧設

28. きほんのドリル　55～56ページ

1 ①さいしょうげん　②かぎ　③じょうけん
④けんすう　⑤ちょくせつ　⑥しゅちょう
⑦は

2 ①期限　②限　③条約　④事件　⑤接続
⑥接　⑦出張　⑧張

29 きほんのドリル 57～58ページ

❶ ①ほうし　②えだ　③に　④えん　⑤こうえん　⑥びん　⑦まず

❷ ①教師　②医師　③枝豆　④似顔絵　⑤演　⑥演技　⑦貧　⑧貧

30 きほんのドリル 59～60ページ

❶ ①けんちく　②きず　③せいじ　④せいふ　⑤ざいきん　⑥しょうひん　⑦きょうみ

❷ ①建築家　②築　③行政　④政治家　⑤税　⑥賞状　⑦興味本位　⑧興

31 きほんのドリル 61～62ページ

❶ ①げんいん　②ぶき　③がんか　④ざいさん　⑤きんがく

❷ ①敗因　②武術　③武士　④眼帯　⑤文化財　⑥半額　⑦額　⑧河原（川原）

32 きほんのドリル 63～64ページ

❶ ①にじっせいき（にじゅっせいき）　②ねんりょう　③も　④こな　⑤ゆだん　⑥ことわ　⑦き

❷ ①風紀　②燃　③小麦粉　④粉雪　⑤横断　⑥断　⑦寄宿　⑧寄

33 きほんのドリル 65～66ページ

❶ ①ひょうばん　②こばん　③はんてい　④はんだん　⑤うおうさおう　⑥おうらい　⑦おう

❷ ①評判　②小判　③判定　④判断　⑤右往左往　⑥往来　⑦往　⑧往路

34 冬休みのホームテスト 67～68ページ

★1 ①ていしゅつ　②げんかい　③ほご　④じょうれい　⑤かこう　⑥せっきん　⑦せいげん　⑧ぜい

★2 ①採用　②建設　③基地　④漁師　⑤規　⑥似合　⑦用件（要件）　⑧演技

★3 ①エ　②ウ　③ウ　④ア　⑤イ　⑥エ　⑦ア　⑧エ

★4 ①張　②支　③政　④興　⑤判

★5 ①客　②求　③然　④分

考え方

★3 会意文字と形声文字は、二つ以上の部分からできています。

★4 言葉の意味から、あてはまる漢字を考えましょう。

おうちの方へ

★2 ④漢字の意味と部首を結びつけて考えてみるようにさせましょう。「漁師の船」の場合、船に乗って海に行くのだから「漁」は「さんずい」と考えると間違えにくくなります。

35 きほんのドリル 69～70ページ

❶ ①ふえいせい　②つうか　③す　④けつ　⑤きょう　⑥けんざかい（けんきょう）　⑦ちょうさ

❷ ①人工衛星　②経過　③過　④潔白　⑤清潔　⑥国境　⑦境界　⑧査定

36 きほんのドリル 71～72ページ

❶ ①こうかい　②ていし　③ていしゃちゅう　④ぼうえき　⑤あんい　⑥やさ　⑦ふじんよう

❷ ①出航　②航空機　③停　④貿易港　⑤容易　⑥易　⑦老婦人　⑧新婦

37 きほんのドリル 73～74ページ

❶ ①さん　②さんか　③こうえん　④こうどう　⑤さいかい　⑥きゅうゆう　⑦せいせき

❷ ①炭酸　②講習　③再生　④再来年　⑤再　⑥旧式　⑦旧　⑧実績

38 きほんのドリル 75～76ページ

❶ ①へいきんてん　②いし　③こころざ　④よそく　⑤はか　⑥ぼうふうう　⑦あば

❷ ①均等　②志願　③志　④志　⑤観測　⑥測　⑦暴力　⑧暴

39. きほんのドリル 77～78ページ

1 ①てんけん ②けん ③しんせいひん ④せいぞう ⑤ふくしゅう ⑥おうふく ⑦じゅぎょう

2 ①検査 ②検定 ③製作 ④製図 ⑤回復 ⑥復帰 ⑦伝授 ⑧授賞式

40. まとめのドリル 79～80ページ

1 ①ちょうさ ②こうかい ③こっきょう ④ふじんふく ⑤たんさん ⑥こころざ ⑦きゅうゆう・けっぱく ⑧こうしゅう・さいど ⑨せいひん・てんけん

2 ①衛生 ②均等 ③清潔 ④授業 ⑤復旧 ⑥停・過ぎる ⑦貿易・成績 ⑧測定・暴れる ⑨航空・調査

考え方

1 ⑥「志」の訓読みは「こころざ―す」と「こころざし」があります。
⑦「潔白」は、「行いに後ろ暗いことがないこと」という意味です。

2 ⑦「績」は、形の似た「積」との使い分けに注意しましょう。

おうちの方へ

2 ①のような同音異義語（同じ音読みの漢字で意味の違う熟語）の問題は、テストでもよく出題されます。「衛生」は「病気にかからないように清潔にすること」という意味で、「衛星」は月のように、「惑星の周りを一定の周期で回る天体」という意味です。意味の違いを踏まえると漢字の違いもわかりやすくなります。

41. きほんのドリル 81～82ページ

1 ①しゅうかん ②いっこ ③こじん ④そうは ⑤やぶ ⑥ようそ ⑦どくとく

2 ①朝刊 ②増刊 ③個数 ④読破 ⑤破 ⑥素質 ⑦炭素 ⑧独立

42. きほんのドリル 83～84ページ

1 ①こうえきせい ②せいぎかん ③あっ ④きょじゅうち ⑤いま ⑥りゅうせんけい ⑦おおがた

2 ①有益 ②講義 ③正義 ④高気圧 ⑤転居 ⑥居場所 ⑦原型 ⑧型紙

43. きほんのドリル 85～86ページ

1 ①えきじょうか ②きんし ③さんせい ④ぜつ ⑤ほうこく

2 ①血液 ②解禁 ③賛同 ④絶好 ⑤絶 ⑥広告 ⑦告 ⑧統一性

44. きほんのドリル 87～88ページ

1 ①そうごうてき ②さくら ③だいぶつ ④ほとけさま ⑤ふさい ⑥つま ⑦こうしゃ

2 ①総理大臣 ②山桜 ③葉桜 ④念仏 ⑤仏様 ⑥妻 ⑦宿舎 ⑧駅舎

45. きほんのドリル 89～90ページ

1 ①こうざん ②どう ③みゃく ④さんみゃく ⑤ゆにゅうぎょう ⑥きそく ⑦げんそく

2 ①鉄鉱石 ②炭鉱 ③銅 ④銅貨 ⑤人脈 ⑥水脈 ⑦輸出 ⑧反則

46. きほんのドリル 91～92ページ

1 ①ひりょう ②こ ③しゅっぱんしゃ ④りゅうがく ⑤と ⑥ぼち ⑦しんかんせん

2 ①肥満 ②肥 ③版画 ④留守番 ⑤留 ⑥墓石 ⑦根幹 ⑧幹

47. きほんのドリル 93～94ページ

1 ①だん ②じむ ③つと ④そぼ ⑤ざい ⑥あ ⑦ひょう

2 ①団体 ②団子 ③業務 ④務 ⑤祖先 ⑥現在 ⑦在 ⑧交通費

48 きほんのドリル 95～96ページ

❶ ①よぶん　②あま　③しょうたい
④まね　⑤せいかく

❷ ①余計　②余力　③余　④招集　⑤招
⑥体格　⑦格別　⑧絵画

49 学年末のホームテスト 97～98ページ

☆1 ①こ　②おおがた　③ゆた　④きんし
⑤じゅぎょう　⑥こうしゃ　⑦ぎむ
⑧そふ

☆2 ①快適　②液体　③中断　④桜　⑤独特
⑥出費　⑦圧力　⑧余分

☆3 ①航　②師　③績　④酸　⑤暴　⑥証
⑦制　⑧効

☆4 ①利益　②輸出　③団体　④高価

☆5 ①十四・いとへん　②十一・ちから
③十三・つち　④十四・りっしんべん

考え方

☆4 言葉の意味から、あてはまる漢字を考えましょう。
①「損失」は、「そこない、うしなうこと」という意味ですから、その反対の意味の言葉を考えます。

おうちの方へ

反対の意味の熟語は、漢字の意味から推測すると判断しやすくなります。①「損失」は「損」は「少なくなる、そこなう」、「失」は「うしなう」という意味なので、反対の「得」「利」「益」などを使った熟語だと推測できます。語群に「利」「益」があるので「利益」だと判断できます。